孔子聖蹟圖本

論語・大學・中庸

孔子門生／編集
俞日霞／注釋

論　語

《論語》是一本以記錄春秋時期思想家孔子言行為主的言論匯編，在古書中又別以論、語、傳、記等字單稱，為儒家重要經典之一，在四庫全書中為經部。東漢班固的《漢書·藝文志》稱：「《論語》者，孔子應答弟子、時人，及弟子相與言而接聞於夫子之語也。當時弟子各有所記，夫子既卒，門人相與輯而論纂，故謂之《論語》。」

《論語》涉及多方面內容，自漢武帝「罷黜百家，獨尊儒術」之後，它被尊為「五經之輨轄，六藝之喉衿」，是研究孔子及儒家思想尤其是先秦儒家思想的一手資料。南宋時朱熹將《大學》、《論語》、《孟子》、《中庸》合為「四書」，使之在儒家經典中的地位日益提高。元代延佑年間，科舉開始以「四書」開科取士。此後一直到清朝末年推行洋務運動，廢除科舉之前，《論語》一直是學子士人推施奉行的金科玉律。

《論語》自戰國前期成書問世，《魯論》和《齊論》則分別為魯人和齊人所研習的版本。因秦始皇的「焚書」政策，幾乎慘遭滅頂之災。到西漢初年，朝廷明令「大收篇籍，廣開獻書之路」，有些冒著生命危險收藏書籍的人，紛紛向朝廷「獻書」，因口口相傳再手抄筆錄輾轉反覆，字句往往有所差異。

現存的《論語》共20篇，492章。每篇篇名取自正文開頭，或「子曰」、「子謂」後首句的前二、三字，與篇目中的內容無關。按照習慣，通常把前10篇稱為「上論」，後10篇稱為「下論」。《論語》以〈學而〉為首。

目　錄

論　語

大　學

中庸

論語

學而篇第一

【原文】

子①曰：「學而時習之，不亦說②乎？有朋③自遠方來，不亦樂乎？人不知而不慍④，不亦君子乎？」

【注釋】

①子：古代對有學問、有地位的男子的尊稱，《論語》中「子曰」的「子」皆指孔子。
②說：同「悅」，愉快，高興。
③朋：指同在一位老師門下學習的人，也指志同道合的朋友。
④慍：生氣，惱怒。

【譯文】

孔子說：「學習了又時常加以溫習和練習，不是也很愉快嗎？有朋友從遠方而來，不是也很快樂嗎？別人不瞭解我，我也不怨恨，這不正是君子嗎？」

【原文】

有子①曰：「其為人也孝弟②，而好犯上者，鮮矣；不好犯上，而好作亂者，未之有也。君子務本，本立而道生。孝弟也者，其為仁之本與！」

【注釋】

①有子：孔子弟子，姓有，名若。
②弟：同「悌」。

【譯文】

有子說：「能孝順父母，敬愛兄長，却喜好冒犯上級的人是很少的；不喜好冒犯上級，却喜好作亂的人是根本沒有的。君子行事致力於根本，確立了根本，道就產生了。孝順父母，敬愛兄長，這是仁道的根本啊！」

【原文】

子曰：「巧言令色①，鮮矣仁！」

【注釋】

①巧：好。令：善於。色：臉色。巧言令色：指用花言巧語和媚態偽情來迷惑、取悅他人。

【譯文】

孔子說：「花言巧語，滿臉偽善的人，很少有仁德。」

【原文】

曾子①曰：「吾日三省②吾身：為人謀而不忠③乎？與朋友交而不信乎？傳④不習乎？」

【注釋】

①曾子：孔子弟子，姓曾，名參，字子輿。
②三：指多次。省：反省，檢查。
③忠：盡心竭力。
④傳：指老師傳授的學業。

【譯文】

曾子說：「我每天都要多次反省自己：為別人辦事是否盡心儘力了？與朋友相交是否真誠守信了？老師傳授的知識是否認真復習了？」

【原文】

子曰：「道千乘之國①，敬②事而信，節用而愛人③，使民以時④。」

【注釋】

①道：治理。乘：古代四匹馬拉一輛兵車，為一乘。在春秋時代，兵車數量是衡量一個國家強弱的重要標誌。

②敬：嚴謹、專心。

③人：此處的「人」與下文的「民」相對，指士大夫以上的統治階級。

④時：農時。

【譯文】

孔子說：「治理一個擁有千輛戰車的國家，必須嚴謹認真地處理國事而又恪守信用，要節約財政開支而又愛護各級官吏，使用民力不能耽誤了農時。」

孔子聖蹟圖．職司委吏

【原文】

子曰：「弟子①入則孝，出則悌，謹而信，泛愛眾而親仁。行有餘力②，則以學文。」

【注釋】
①弟子：指家中年紀較小的男子。
②餘力：時間和精力的剩餘。

【譯文】

孔子說：「為人子弟者，在家要孝順父母，出門要敬愛尊長，做事要謹慎，說話要誠信，廣泛地愛眾人，親近有仁德的人。這樣做了以後如果還有餘力，就去學習文章典籍。」

【原文】

子夏①曰：「賢賢易色②；事父母，能竭其力；事君，能致③其身；與朋友交，言而有信。雖曰未學，吾必謂之學矣。」

【注釋】
①子夏：孔子弟子，姓卜，名商，字子夏。
②賢賢：尊重賢者。色：指好色之心。
③致：奉獻。

【譯文】

子夏說：「尊重賢者而不好女色；侍奉父母能竭盡心力；侍奉國君能不惜生命；與朋友相交，說話誠實守信。這樣的人即使說自己沒有學習過，我也一定說他是學習過了。」

【原文】

子曰：「君子不重①則不威，學則不固。主忠信。無友不如己者②。過，則勿憚改。」

【注釋】
①重：莊重。

②友：交友。不如己者：不同於自己的人，泛指志不同道不合的人。

【譯文】

孔子說：「君子不莊重就沒有威嚴，即使學習了也不能鞏固。做人要以忠信為主。不要同與自己不同道的人交朋友。有了過錯，就不要害怕改正。」

【原文】

曾子曰：「慎終追遠[①]，民德歸厚矣。」

【注釋】

①終：老死為終，這裡指父母去世。遠：指祖先。

【譯文】

曾子說：「謹慎地辦理父母的喪事，追念死亡已久的祖先，百姓就會受到感化，他們的德性會趨於敦厚。」

【原文】

子禽問於子貢曰[①]：「夫子[②]至於是邦也，必聞[③]其政。求之與？抑與之與？」子貢曰：「夫子溫、良、恭、儉、讓以得之。夫子之求之也，其諸[④]異乎人之求之與？」

【注釋】

①子禽：姓陳，名亢，字子禽。子貢：孔子弟子，姓端木，名賜，字子貢。

②夫子：古代對男子的敬稱，也是對凡做過大夫級官吏的人的尊稱。孔子曾擔任魯國司寇，所以弟子稱他為夫子，後沿襲成為老師的代稱。

③聞：預知，知悉。

④其諸：語氣詞，表推測，大概的意思。

【譯文】

子禽問子貢說：「先生每到一個國家，必定預聞這個國家的政事。這是他自己求得的，還是別人主動提供給他的呢？」子貢說：「先生是以溫和、善良、恭敬、節儉、謙讓的德行而得知國家政事的。他這種求取的方式，應該不同於別人求取的方式吧？」

【原文】

子曰：「父在，觀其①志；父沒②，觀其行；三年無改於父之道，可謂孝矣。」

【注釋】

①其：指兒子。

②沒：同「歿」，去世。

【譯文】

孔子說：「父親在世時，觀察兒子的志向；父親去世後，觀察兒子的行為；如果他能長期不改變父親生前的行事之道，這樣的人就可以稱為孝了。」

【原文】

有子曰：「禮之用，和①為貴。先王之道，斯為美，小大由之。有所不行，知和而和，不以禮節②之，亦不可行也。」

【注釋】

①和：和諧，協調。

②節：節制。

【譯文】

有子說：「禮的運用，以和諧為貴。古代聖明君主的治國之道，美好的地方就在於此，不論大事小事都這樣來實行。但如果遇到行不通的時候，還一味地為了和諧而和諧，而不用禮加以節制，那也是不可行的。」

孔子聖蹟圖・命名榮貺

【原文】

有子曰：「信近①於義，言可復②也；恭近於禮，遠恥辱也；因③不失其親，亦可宗④也。」

【注釋】

①近：符合，合於。
②復：實踐。
③因：依靠。
④宗：尊敬。

【譯文】

有子說：「所講的信約要符合義，這樣諾言才能夠履行；態度恭敬要符合禮，這樣才能遠離恥辱。所依靠的都是可親之人，這也是值得尊敬的。」

【原文】

子曰：「君子食無求飽，居無求安，敏於事而慎於言，就有道而正焉①，可謂好學也已。」

【注釋】

①就：接近。有道：有道的人。正：糾正，匡正。

【譯文】

孔子說：「君子飲食不求飽足，居住不求安逸，做事勤敏而說話謹慎，能接近有道的人以糾正自己的過失，這樣可以說是好學了。」

【原文】

子貢曰：「貧而無諂，富而無驕，何如？」子曰：「可也。未若貧而樂，富而好禮者也。」

子貢曰：「《詩》云：『如切如磋，如琢如磨①。』其斯之謂與？」子曰：「賜也，始可與言《詩》已矣，告諸往而知來者②。」

【注釋】

①如切如磋，如琢如磨：出自《詩經·衛風·淇奧》。切、磋、琢、磨：指對骨、角、象牙、玉石等器物的不同的加工方式，這裡比喻在道德學問上的磨礪研修，精益求精。

②告諸往而知來者：告知過去的事，就可推知未來的事，比喻舉一反三，悟性過人。

【譯文】

子貢說：「貧窮而不對人阿諛諂媚，富貴而不驕傲自大，這樣怎麼樣？」孔子說：「這也算可以。但不如貧窮而樂道，富貴而好禮的人。」

子貢說：「《詩經》上說：『要像對待骨、角、象牙、玉石一樣，切磋它，琢磨它。』講的就是這個意思吧？」孔子說：「賜啊，我現在可以同你談論《詩經》了，因為你已經學會了舉一反三，從我告訴你的這一層意思，領會到另一層意思了。」

【原文】

子曰：「不患人之不己知，患不知人也。」

【譯文】

孔子說：「不擔憂別人不瞭解自己，只擔憂自己不瞭解別人。」

為政篇第二

【原文】

子曰：「為政以德，譬如北辰[①]，居其所而眾星共[②]之。」

【注釋】

①北辰：北極星。

②共：通「拱」，環繞。

【譯文】

孔子說：「治理國政若能依靠道德，當政者就會像北極星一樣，安居於固定之位，而群星都環繞在它周圍。」

【原文】

子曰：「《詩》三百[①]，一言以蔽[②]之，曰：『思無邪[③]』。」

【注釋】

①《詩》三百：指《詩經》。《詩經》總計三百零五篇，三百是概數。

②蔽：概括。

③思無邪：沒有邪惡的思想，指思想情感純正無邪。

【譯文】

孔子說：「《詩經》三百篇，用一句話來概括，就是『思無邪』。」

【原文】

子曰：「道①之以政，齊②之以刑，民免而無恥；道之以德，齊之以禮，有恥且格③。」

【注釋】

①道：引導。

②齊：整齊，整治。

③格：端正，歸服。

【譯文】

孔子說：「用政令引導百姓，用刑罰約束百姓，這樣百姓雖能免於犯罪和懲罰，但沒有羞恥心；用道德引導百姓，用禮儀約束百姓，這樣百姓不但有羞恥心，而且能自覺歸正。」

【原文】

子曰：「吾十有①五而志於學，三十而立②，四十而不惑③，五十而知天命④，六十而耳順⑤，七十而從心所欲，不踰矩。」

【注釋】

①有：通「又」。

②立：站立，自立，指做事能合乎禮，站得住腳。
③不惑：指學問已淵博，不會再受外物迷惑。
④天命：指天道運行的精理。
⑤耳順：指聽到別人的話，用不著怎麼思考便能領會。一說能淡然面對不同的意見。

【譯文】

孔子說：「我十五歲立志於學業，三十歲能立身於世，四十歲對世事不再有疑惑，五十歲懂得了什麼是天命，六十歲一聽到別人的話便能瞭解其主旨，七十歲可隨心所欲，却不會違反規矩。」

孔子聖蹟圖・論穆公霸

【原文】

孟懿子[①]問孝，子曰：「無違[②]。」

樊遲[③]御，子告之曰：「孟孫[④]問孝於我，我對曰『無違』。」樊遲曰：「何謂也？」子曰：「生，事之以禮；死，葬之以禮，祭之以禮。」

【注釋】

①孟懿子：魯國大夫，姓仲孫，名何忌，謚號「懿」。

②無違：不要違背禮。魯國三桓大夫專政，他們經常僭用諸侯和天子之禮，孔子曾多次表達不滿。孔子這個問答，可能就是針對此而發。

③樊遲：孔子弟子，名須，字子遲。

④孟孫：即孟懿子。

【譯文】

孟懿子向孔子詢問孝道，孔子說：「不要違背禮。」

一次樊遲為孔子駕車，孔子告訴他說：「孟孫問我孝道，我回答他不要違背禮。」樊遲問：「這是什麼意思呢？」孔子說：「父母在世，要按照禮奉養他們；父母去世，要按照禮安葬他們，按照禮祭祀他們。」

【原文】

孟武伯①問孝，子曰：「父母唯其疾之憂②。」

【注釋】

①孟武伯：孟懿子之子，名彘（音治），謚號武。

②父母唯其疾之憂：這句話歷來有三種解釋：使父母只在自己生病時擔憂，在其他方面就不必擔憂了；父母關心子女，唯恐其生病，子女要體會父母的這種心情；子女只要為父母的疾病擔憂，其他方面不必過多擔憂。今從第一說。

【譯文】

孟武伯詢問孝道，孔子說：「讓父母只為你的疾病擔憂，這就是孝了。」

【原文】

子游①問孝。子曰：「今之孝者，是謂能養②。至於犬馬，皆能有養。不敬，何以別乎？」

【注釋】

①子游：孔子弟子，姓言，名偃，字子游。

②養：指在物質飲食上供養。

【譯文】

子游問孔子什麼是孝。孔子說：「如今所謂的孝，覺得能夠供養父母就行了。照這樣，犬馬也有人餵養。如果不心存孝敬，那贍養父母和飼養犬馬有什麼區別呢？」

【原文】

子夏問孝。子曰：「色①難。有事，弟子服其勞；有酒食，先生饌②。曾是以為孝乎？」

【注釋】

①色：和顏悅色。

②先生：年長者，指父母。饌：吃喝。

【譯文】

子夏問孔子什麼是孝。孔子說：「子女侍奉父母時經常保持和顏悅色是很難的。但如果僅僅是有事情由子女去操勞，有酒食先給父母享用，這樣就算是孝了嗎？」

【原文】

子曰：「吾與回①言終日， 不違，如愚。退②而省其私，亦足以發，回也不愚。」

【注釋】

①回：孔子弟子顏回，字子淵。

②退：私下裡。

【譯文】

孔子說：「我整天給顏回講學，他從不提出疑問和反對意見，如愚者一般。可我私下裡觀察他的言行舉止，發現他能對我所講的內容有所發揮，可見顏回一點也不愚笨啊。」

孔子聖蹟圖・聖行顏隨

【原文】

子曰：「視其所以①，觀其所由②，察其所安③。人焉廋④哉？人焉廋哉？」

【注釋】

①所以：所做的事是好事還是壞事。

②所由：所從所走的道路。

③所安：所安的心境。

④廋：（音搜）隱匿。

【譯文】

孔子說：「觀察他的所作所為，考察他做事的動機，瞭解他做事的心境。這樣的話，這個人還能怎麼隱藏呢？這個人還能怎麼隱藏呢？」

【原文】

子曰：「溫故而知新，可以為師矣。」

【譯文】

孔子說：「溫習舊知識時能有新的體會，產生新的見解，這就可以為人師了。」

【原文】

子曰：「君子不器①。」

【注釋】

①器：器皿。器皿都有專門的用途，這裡比喻才識狹隘。

【譯文】

孔子說：「君子不能像器皿一樣，只有某一方面的用途。」

【原文】

子貢問君子。子曰：「先行其言而後從之。」

【譯文】

子貢問怎樣才能成為君子。孔子說：「先將要說的話付諸行動，然後再說出來。」

【原文】

子曰：「君子周而不比①，小人比而不周。」

【注釋】

①周：因忠信而親密。比：以私利相親，勾結。

【譯文】

孔子說：「君子團結而不勾結，小人勾結而不團結。」

【原文】

子曰：「學而不思則罔①，思而不學則殆②。」

【注釋】

①罔：迷惘。

②殆：疑惑。

【譯文】

孔子說：「只是學習而不思考，就會迷惘而無所收穫；只是思考而不學習，就會疑惑不決。」

【原文】

子曰：「攻乎異端①，斯害也已。」

【注釋】

①攻：致力研究，一說攻擊。異端：指各種雜學技藝、旁門左道、奇技淫巧等。一說指不同於孔子之說的異端邪說。

【譯文】

孔子說：「一心研究雜學技藝，這是有害的呀。」

【原文】

子曰：「由①！誨女②知之乎！知之為知之，不知為不知，是知③也。」

【注釋】

①由：孔子弟子，姓仲，名由，字子路。

②女：通「汝」，你。
③知：同「智」，明智，聰明。

【譯文】

孔子說：「由，我教你關於『知道』的道理。知道就是知道，不知道就是不知道，這才是明智的。」

【原文】

子張學干祿[①]。子曰：「多聞闕[②]疑，慎言其餘，則寡尤[③]；多見闕殆，慎行其餘，則寡悔。言寡尤，行寡悔，祿在其中矣。」

【注釋】

①子張：孔子弟子，姓顓孫，名師，字子張。干：求取。祿：官職俸祿。
②闕：缺，保留的意思。指保留疑問，不妄下揣測、定論。
③尤：過失。

【譯文】

子張請教如何謀官求俸。孔子說：「要多聽，有懷疑的地方予以保留，其餘有把握的地方則謹慎地說出來，這樣就能減少過失；要多看，有懷疑的地方予以保留，其餘有把握的地方則謹慎地去做，這樣就能減少後悔。說話少過失，行事少後悔，官職俸祿就在其中了。」

【原文】

哀公[①]問曰：「何為則民服？」孔子對曰：「舉直錯諸枉[②]，則民服；舉枉錯諸直，則民不服。」

【注釋】

①哀公：即魯哀公，春秋時期魯國國君，姓姬，名蔣。

②舉：選拔，任用。直：正直之士。錯：同「措」，放置。枉：邪曲之徒。

【譯文】

魯哀公問：「怎樣才能使人民服從？」孔子回答說：「把正直的人提拔到邪惡的人之上，人民就會服從；把邪惡的人提拔到正直的人之上，人民就不會服從。」

孔子聖蹟圖・化行中都

【原文】

季康子①問：「使民敬、忠以勸②，如之何？」子曰：「臨③之以莊，則敬；孝慈，則忠；舉善而教不能，則勸。」

【注釋】

①季康子：魯哀公時正卿，姓季孫，名肥，謚號康。

②勸：勤勉努力。

③臨：對待。

【譯文】

季康子問：「要使百姓恭敬我、忠於我而又勤勉努力，應該怎麼做？」孔子說：「你以嚴肅端莊的態度對待百姓，他們就會對你恭敬；你對父母孝順，對幼小慈愛，他們就會對你忠誠；你舉用善人，教育能力差的人，他們就會互相勉勵，勤奮努力了。」

【原文】

或謂孔子曰：「子奚[1]不為政？」子曰：「《書》云：『孝乎惟孝，友於兄弟，施於有政[2]。』是亦為政，奚其為為政。」

【注釋】

①奚：疑問詞，何不，為什麼。

②「孝乎惟孝」三句：為古《尚書》佚文，偽古文《尚書·君陳》有「惟爾令德孝恭，惟孝，友於兄弟，克施有政」數句，意思大致相同。一說「施於有政」是孔子的話。

【譯文】

有人問孔子：「你為什麼不做官參與政治呢？」孔子說：「《尚書》上說：『孝，就是孝順父母，友愛兄弟，並把這種精神推廣到政治上去。』這也是從事政治，為什麼一定要做官參政呢？」

【原文】

子曰：「人而無信，不知其可也。大車無輗[1]，小車無軏[2]，其何以行之哉？」

【注釋】

①輗（音尼）：古代大車車轅前與橫木連接處的活動插銷，可銜接橫木以駕牲口。

②軏（音月）：古代小車車轅前與橫木連接處的活動插銷，駕車時將馬或者牛駕在轅裡後，必須將輗或軏關上，否則就套不住牲口，車就無法行走。

【譯文】

孔子說：「一個人不講信用，不知道他還能做什麼。就好像大車沒有，小車沒有，那還怎麼行進呢？」

【原文】

子張問：「十世①可知也？」子曰：「殷因②於夏禮，所損益③，可知也；周因於殷禮，所損益，可知也。其或繼周者，雖百世，可知也。」

【注釋】

①世：朝代。

②因：因襲，繼承。

③損益：減少和增加，這裡指改動、修補、完善。

【譯文】

子張問：「十代以後的禮儀制度能預知嗎？」孔子說：「商朝承襲夏朝的禮儀制度，其廢棄和增加的內容是可以知道的；周朝承襲商朝的禮儀制度，其廢棄和增加的內容也是可以知道的。如果將來有繼承周朝而當政的朝代，禮儀制度也自當有廢棄和增加，即使歷經一百代，也是可以預知的。」

【原文】

子曰：「非其鬼①而祭之，諂也；見義不為，無勇也。」

【注釋】

①鬼：一般指祖先，這裡泛指鬼神。

【譯文】

孔子說：「不該由你祭祀的鬼你卻祭拜它，這是諂媚；遇到合乎道義的事卻不去做，這是沒有勇氣。」

八佾篇第三

【原文】

孔子謂季氏[1]，「八佾[2]舞於庭，是可忍也，孰不可忍也？」

【注釋】

①季氏：魯國正卿季孫氏，即季平子。

②八佾（音益）：天子所用的一種舞。佾：樂舞行列，每列八人，八佾就是六十四人。按禮制，只有天子才可使用八佾，諸侯六佾，卿大夫四佾，士二佾。季平子為正卿，只能用四佾。

【譯文】

孔子談及季氏，說：「他在庭院中奏樂舞蹈用了八佾六十四人，這樣不合禮法的事他都忍心去做，還有什麼事他會不忍心去做呢？」

【原文】

三家者以《雍》徹[1]。子曰：「『相維辟公，天子穆穆[2]』，奚取於三家之堂？」

【注釋】

①三家：指魯國三桓，為仲孫氏、叔孫氏和季孫氏。三桓當政，掌握魯國實權，連魯國國君都不放在眼裡，孔子對此很是不滿。《雍》：《詩經‧周頌》篇名，為周天子行祭禮後撤去祭品時所唱。

②相：助祭者。辟公：諸侯。穆穆：形容端莊嚴肅的神態。

【譯文】

仲孫氏、叔孫氏、季孫氏三家在祭祀完畢後撤去祭品時，命樂工唱《雍》詩。孔子說：「《雍》詩中說：『助祭的是諸侯，主祭的天子端莊肅穆。』在三家大夫的廟堂上，他們憑哪一點唱這首詩呢？」

【原文】

子曰：「人而不仁，如禮何？人而不仁，如樂[1]何？

【注釋】

①樂：樂是表達人思想情感的一種形式，它也是禮的一部分。

【譯文】

孔子說：「一個人沒有仁德，他怎麼能實行禮？一個人沒有仁德，他怎麼能運用樂？」

【原文】

林放[1]問禮之本。子曰：「大哉問！禮，與其奢也，寧儉；喪，與其易[2]也，寧戚。」

【注釋】

①林放：魯國人。

②易：治，指把事情辦得很周全，這裡指治辦喪事過於重視禮儀。

【譯文】

林放問禮的根本。孔子說：「你問的問題意義很大啊！一般的禮儀，與其奢侈，不如節儉；至於喪葬儀式，與其辦得盡善盡美，不如內心悲痛，哀悼死者。」

【原文】

子曰：「夷狄[1]之有君，不如諸夏之亡也[2]。」

【注釋】

①夷狄：古代中原地區的人對周邊地區異族的貶稱。

②諸夏：古代中原地區華夏族的自稱，這裡指中原各諸侯國。亡：無。

【譯文】

孔子說：「夷狄文化落後，即使有君主，還不如中原各國沒有君主。」

孔子聖蹟圖．學琴師襄

【原文】

季氏旅①於泰山。子謂冉有②曰：「女弗能救③與？」對曰：「不能。」子曰：「嗚呼！曾謂泰山不如林放乎④？」

【注釋】

①旅：祭祀山川為旅。按禮制，只有天子有資格祭祀天下名山大川，諸侯也只能祭祀封地內名山大川，季氏祭泰山是僭越行為。

②冉有：孔子弟子，姓冉，名求，字子有，時任季氏家臣。

③救：阻止。

④曾謂泰山不如林放乎：意為泰山之神難道還不如林放那樣知禮嗎？竟然接受季氏不合禮制的祭祀。

【譯文】

季氏要去祭祀泰山。孔子對冉有說：「你不能阻止此事嗎？」冉有回答說：「不能。」孔子說：「唉！難道說泰山之神還不如林放嗎？」

【原文】

子曰：「君子無所爭。必也射①乎！揖讓而升②，下而飲。其爭也君子。」

【注釋】

①射：這裡指射禮，有大射、鄉射等名目，統治階層通過射箭比賽選士或會民，其過程有固定的儀式程序。

②揖讓：拱手行禮。升：登堂。

【譯文】

孔子說：「君子沒什麼可爭的事。如果有所爭，那就是在射禮上。比賽時，他們首先相互行禮，然後登堂進行比賽，比賽完畢，則下堂共同飲酒，互相祝賀。這就是君子之爭。」

【原文】

子夏問曰：「『巧笑倩兮，美目盼兮，素以為絢兮①。』何謂也？」子曰：「繪事後素②。」

曰：「禮後乎？」子曰：「起③予者商也！始可與言《詩》已矣！」

【注釋】

①「巧笑倩兮」三句：前兩句出自《詩經・衛風・碩人》，最後一句可能是逸句。倩：笑起來面帶酒窩蠻好看的樣子。盼：眼珠黑白分明的樣子。素：白。絢：色彩華麗。

②繪事後素：繪畫時先以素色為底，後施五彩。

③起：啟發。

【譯文】

子夏問道：「『美人的笑容是那樣的燦爛動人，秋波一樣的眼神攝人心魂，白淨的臉上妝飾得真美麗啊。』這幾句詩是什麼意思呢？」孔子說：「有了白淨底子，然後畫上色彩。」

子夏問：「那麼禮樂是不是形成於仁義之後呢？」孔子說：「商啊，你真是啟發我的人啊！現在可以與你討論《詩經》了。」

【原文】

子曰：「夏禮，吾能言之，杞不足征也①；殷禮，吾能言之，宋②不足徵也。文獻不足故也③。足，則吾能徵之矣。」

【注釋】

①杞：春秋杞國，是夏禹的後裔。徵：證明。

②宋：春秋宋國，是商湯的後代。

③文：歷史典籍。獻：賢者。

【譯文】

孔子說：「夏朝的禮，我能說出來，但夏的後代杞國不足為證；商朝的禮，我也能說出來，但商的後代宋國不足為證。這是杞國、宋國的典籍和賢人不足的緣故。如果典籍和賢人足夠，那我就能引以為證了。」

【原文】

子曰：「禘自既灌而往者①，吾不欲觀之矣。」

【注釋】

①禘（音弟）：古代只有天子才可以舉行的非常隆重的宗廟大祭。周公封地在魯國，因輔佐周室有重大功勛，成王特令魯君可以以禘禮祭祀周公。後代魯國國君將禘祭擴大到其他範圍，是越禮行為，所以孔子不願看。灌：祭祀開始時，獻酒於受祭者的儀式。

【譯文】

孔子說：「舉行禘禮時，第一次獻酒以後，我就不願再看了。」

【原文】

或問之說。子曰：「不知也[1]。知其說者之於天下也，其如示[2]諸斯乎？」指其掌。

【注釋】

①不知也：這裡孔子因不滿，故意說不知道。

②示：通「置」。

【譯文】

有人問關於禘禮的道理。孔子說：「不知道。知道這個道理的人對於治理天下，應該就像把東西放在這裡一樣容易吧！」他一面說，一面指著手掌。

【原文】

祭如在，祭神如神在。子曰：「吾不與[1]祭，如不祭。」

【注釋】

①與：參與。

【譯文】

祭祀祖先就像祖先真在面前，祭祀神就像神真在眼前。孔子說：「我如果不能親自參加祭祀，就會覺得跟沒有祭祀過一樣。」

【原文】

王孫賈[1]問曰：「『與其媚於奧[2]，寧媚於灶[3]。』何謂也？」子曰：「不然。獲罪於天，無所禱也。」

【注釋】

①王孫賈：衛國大夫。

②奧：居室的西南角，古代以為那裡有神。

③灶：灶神。古代認為奧神比灶神地位尊貴，但灶作為烹飪食物的地方，對人更有實際作用。

【譯文】

王孫賈問道：「『與其求媚於奧神，不如求媚於灶神。』這句話是什麼意思？」孔子說：「這話不對。如果得罪了上天，那就沒有地方可以祈禱了。」

【原文】

子曰：「周監①於二代，鬱鬱②乎文哉！吾從周。」

【注釋】

①監：同「鑑」，借鑑。

②鬱鬱：文采盛貌。

【譯文】

孔子說：「周朝的禮儀制度借鑑了夏、商兩朝，是多麼的豐富多彩啊！我主張遵從周朝的禮制。」

【原文】

子入太廟①，每事問。或曰：「孰謂鄹人之子②知禮乎？入太廟，每事問。」子聞之，曰：「是禮也。」

孔子聖蹟圖・太廟問禮

【注釋】

①太廟：魯國太廟，即周公廟。

②鄹人之子：即孔子。鄹（音周）：魯國地名，孔子父親叔梁紇曾做過鄹邑大夫，所以這裡稱他為鄹人。

【譯文】

孔子進入太廟，對每件事都要問一問。有人說：「誰說這個鄹人之子懂得禮啊？他進入太廟，每件事都要問。」孔子知道了這話，說：「不懂就問，這就是禮啊。」

【原文】

子曰：「射不主皮①，為力不同科②，古之道也。」

【注釋】

①皮：用獸皮做成的箭靶。

②科：等級。

【譯文】

孔子說：「比賽射箭，不在於穿透靶子，因為人的力氣大小不同，這是古代行射禮的規矩。」

【原文】

子貢欲去告朔之餼羊[1]。子曰：「賜也，爾愛其羊，我愛其禮。」

【注釋】

①朔：農曆每月初一。告朔：古代禮儀。天子於每年秋冬之交的節氣時向諸侯頒發第二年的曆書，告知每月初一的日期以及該年有無閏月，稱「頒告朔」。諸侯把曆書藏於祖廟，並在每月初一殺活羊祭於廟，然後到朝廷聽政。當時魯國國君已不再親臨祖廟祭祀，僅保留供羊的形式。餼（音夕）羊：祭祀用的活羊。

【譯文】

子貢想把每月初一祭祀祖廟的那隻活羊去掉不用。孔子說：「賜啊，你愛惜的是那隻羊，我愛惜的是那個禮。」

【原文】

子曰：「事君盡禮，人以為諂也。」

【譯文】

孔子說：「完全按照禮制去侍奉君主，別人卻認為這是諂媚。」

【原文】

定公[1]問：「君使臣，臣事君，如之何？」孔子對曰：「君使臣以禮，臣事君以忠。」

【注釋】

①定公：即魯定公，春秋魯國國君，姓姬，名宋。

【譯文】

魯定公問道：「君主使用臣子，臣子侍奉君主，應該怎麼做？」孔子回答說：「君主使用臣子要遵循禮，臣子侍奉君主要忠心。」

【原文】

子曰：「《關雎》[1]，樂而不淫[2]，哀而不傷。」

【注釋】

①《關雎》：《詩經·國風》首篇，寫男子追求少女的情思。

②淫：過度，沒有節制。

【譯文】

孔子說：「《關雎》這首詩，快樂而不放蕩，哀愁而不悲傷。」

【原文】

哀公問社於宰我[1]。宰我對曰：「夏後氏以松，殷人以柏，周人以栗，曰使民顫慄。」子聞之，曰：「成事不說，遂[2]事不諫，既往不咎[4]。」

【注釋】

①社：土地神，這裡指社主，即為土地神所立的木製牌位。宰我：孔子弟子，姓宰，名予，字子我。

②遂：已完成。

③咎：追究。

【譯文】

魯哀公問宰我應該用什麼木頭作社主。宰我回答說：「夏代用松木，商代用柏木，周代用栗木，意思是讓百姓畏懼顫慄。」孔子知道了這話，說：「已經做了的事就不必再解釋了，已經完成的事就不必再規勸了，已經過去的事就不必再追究了。」

【原文】

子曰：「管仲[1]之器小哉！」

或曰：「管仲儉乎？」曰：「管氏有三歸[2]，官事不攝[3]，焉得儉？」

「然則管仲知禮乎？」曰：「邦君樹塞門[4]，管氏亦樹塞門。邦君為兩君之好，有反坫[5]，管氏亦有反坫。管氏而知禮，孰不知禮？」

【注釋】

①管仲：春秋時齊國人，名夷吾，齊桓公時宰相，深受信任，助桓公稱霸。

②三歸：舊說不一，當指按常例應繳納給公家的市租。

③攝：兼職。

④樹：樹立。塞門：在門前設屏牆，以隔擋內外視線，如同後來的照壁，按禮制，此為天子諸侯所用。

⑤反坫：土築的平台。古代國君會見，賓主飲酒後，把空杯置於其上。

【譯文】

孔子說：「管仲真是氣量狹小啊！」

有人問：「管仲節儉嗎？」孔子說：「管仲獲取大量收來的市租，其下屬人員很多，卻都不兼職，這樣能說是節儉嗎？」

人又問：「那麼管仲懂得禮嗎？」孔子說：「國君在門口設立屏牆，管仲也和國君一樣。國君為了兩國之間友好交往，設有反坫，管仲也設有反坫。如果說管仲也懂得禮，那麼天下還有誰不懂禮呢？」

【原文】

子語魯大師①樂，曰：「樂其可知也：始作，翕如②也；從③之，純④如也，⑤如也，繹⑥如也，以成。」

孔子聖蹟圖・訪樂萇弘

【注釋】

①大師：太師，古代樂官之長。
②翕如：形容樂聲開始時的熱烈。
③從：放，展開。
④純：和諧。
⑤皦：音節清晰分明。
⑥繹：連續不斷。

【譯文】

孔子把演奏音樂的道理告訴魯國太師，說：「奏樂的過程是可以知道的：演奏開始，樂聲熱烈振奮；待繼續展開，樂聲純靜和諧，節奏分明清晰，連綿不斷，然後樂曲就完成了。」

【原文】

儀封人[1]請見，曰：「君子之至於斯也，吾未嘗不得見也。」從者見之。出曰：「二三子何患於喪[2]乎？天下之無道也久矣，天將以夫子為木鐸[3]。」

【注釋】

①儀：衛國邑名。封人：鎮守邊疆的官員。
②喪：指失去官位。
③木鐸：木舌銅鈴。古代宣佈政令時，常搖動木鐸召集眾人。

【譯文】

儀邑的邊防官請求與孔子見面，他說：「凡是君子來到這裡，我沒有不相見的。」跟隨孔子的學生引他去見孔子。出來後，他對孔子的學生說：「你們何必為沒有官位而憂慮呢？天下無道的時間已經很久了，上天將以孔夫子做為喚醒人民的木鐸。」

【原文】

子謂《韶》[1]，「盡美[2]矣，又盡善[3]也。」謂《武》[4]，「盡美矣，未盡善也。」

【注釋】

①《韶》：舜時樂曲。
②美：就樂曲的音調、舞蹈的形式而言的。
③善：就樂曲的思想內容而言的。
④《武》：周武王時樂曲。

【譯文】

孔子評價《韶》樂時，說：「音樂美極了，內容也好極了。」評價《武》樂時，說：「音樂很美，但內容有所欠缺。」

孔子聖蹟圖・儀封仰聖

【原文】

子曰：「居上不寬，為禮不敬，臨喪不哀，吾何以觀之哉？」

【譯文】

孔子說：「居高位的人不寬厚待人，施行禮儀時不嚴肅恭敬，舉行喪禮時不悲慼哀傷，我怎麼能看得下去呢？」

里仁篇第四

【原文】

子曰：「里[1]仁為美。擇不處仁，焉得知？」

【注釋】

①里：居住。

【譯文】

孔子說：「跟有仁德的人為鄰是美好的。選擇居處而不選擇跟有仁德的人相鄰，怎麼能說是聰明呢？」

【原文】

子曰：「不仁者，不可以久處約[1]，不可以長處樂。仁者安仁，智者利[2]仁。」

【注釋】

①約：窮困。

②利：貪。

【譯文】

孔子說：「沒有仁德的人不能久處於窮困之中，時間長了他會變；同樣也不可以久處於安樂之中，時間長了他也會變。有仁德的人能夠安於仁，無論何時都能自覺行仁；而聰明的人由於深知仁德對自己的巨大好處，因而想要實行仁德。」

【原文】

子曰：「唯仁者能好人，能惡人。」

【譯文】

孔子說：「只有仁德的人才能真正喜愛人，能真正厭惡人。」

【原文】

子曰：「苟志於仁矣，無惡也。」

【譯文】

孔子說：「如果能立志於仁，就不會有惡行了。」

【原文】

子曰：「富與貴，是人之所欲也，不以其道得之，不處也；貧與賤，是人之所惡也，不以其道得之①，不去也。君子去仁，惡乎成名？君子無終食②之間違仁，造次③必於是，顛沛必於是。」

【注釋】

①得之：疑為「去之」誤寫。

②終食：一頓飯的時間。

③造次：急促，匆忙。

【譯文】

孔子說：「財富和顯貴，是人人都想得到的，但如果不用正當的方法獲得，君子不會去享有這樣的富貴；貧窮和卑賤，是人人都厭惡的，但如果不用正當的方法擺脫，君子不會願意去擺脫這樣的貧賤。君子喪失了仁德，如何能成就名聲？君子即使是吃一頓飯的時間也不會違背仁德，即使是倉促緊迫的時候也必定遵循仁德，即使是在顛沛流離的時候，也一定實行仁德。」

【原文】

子曰：「我未見好仁者，惡不仁者。好仁者，無以尚①之；惡不仁者，其為仁矣，不使不仁者加乎其身。有能一日用其力於仁矣乎？我未見力不足者。蓋有之矣，我未之見也。」

【注釋】

①尚：增加，超過。

【譯文】

孔子說：「我沒見過愛好仁德的人，也沒見過厭惡不仁的人。愛好仁德的人，他認為沒有事物能高於仁，不能再增加什麼；厭惡不仁的人，他實行仁，不會讓不仁的人影響自己。有誰能一整天把自己的力量用在實行仁德上呢？我還沒見過力量不夠的。或許這樣的人是有的，但我沒見過。」

【原文】

子曰：「人之過也，各於其黨[①]。觀過，斯知仁矣。」

【注釋】

①黨：類別。

【譯文】

孔子說：「人的過失，跟其人屬於哪類人有關。只要考察一個人犯過什麼樣的過錯，就能知道他有沒有仁德了。」

【原文】

子曰：「朝聞道，夕死可矣。」

【譯文】

孔子說：「早晨領悟了真理，那麼到了晚上死去也無憾了啊。」

【原文】

子曰：「士志於道，而恥惡衣惡食者，未足與議也。」

【譯文】

孔子說：「一個士人立志於學習真理，却又以穿粗衣吃粗食為恥，這樣的人不值得與他談論真理。」

【原文】

子曰：「君子之於天下也，無適[1]也，無莫[2]也，義之與比[3]。」

【注釋】

①適：固定不變的意思。
②莫：不肯。
③比：靠攏，附從。

【譯文】

孔子說：「君子對於天下之事，沒有必定要這樣做的，也沒有必定不能這樣做的，而是怎樣合乎義就怎樣做。」

【原文】

子曰：「君子懷德，小人懷土[1]；君子懷刑[2]，小人懷惠。」

【注釋】

①土：鄉土，一說為田宅。
②刑：刑法、法度。

【譯文】

孔子說：「君子心懷道德，小人心懷鄉土。君子心懷法度，小人心懷恩惠。」

【原文】

子曰：「放[1]於利而行，多怨。」

【注釋】

①放：通「仿」，倣法，依據。

【譯文】

孔子說：「依據個人利益行事，必定會招致很多怨恨。」

【原文】

子曰：「能以禮讓①為國乎，何有② ？不能以禮讓為國，如禮何？」

【注釋】

①禮讓：守禮謙讓。

②何有：意為「何難之有」。

【譯文】

孔子說：「以禮讓的原則來治國，那有什麼困難呢？不能以禮讓的原則來治國，那如何對待禮呢？」

【原文】

子曰：「不患無位，患所以立；不患莫己知，求為可知也。」

【譯文】

孔子說：「不憂愁沒有官位，應該憂愁自己用什麼來勝任其位；不怕沒人知道自己，而應求自己能有什麼可以使人知道的。」

【原文】

子曰：「參乎！吾道一以貫①之。」曾子曰：「唯。」

子出，門人問曰：「何謂也？」曾子曰：「夫子之道，忠恕②而已矣。」

【注釋】

①貫：貫穿。

②忠：盡心待人。恕：推己及人。

【譯文】

孔子說：「曾參啊！我的學說貫穿著一個基本原則。」曾子說：「是的。」

孔子出去後，其他學生問曾參：「先生說的是什麼意思呢？」曾參說：「先生的學說，概括起來就是『忠恕』二字罷了。」

【原文】

子曰：「君子喻[1]於義，小人喻於利。」

【注釋】

①喻：知曉。

【譯文】

孔子說：「君子懂得大義，小人只知道小利。」

【原文】

子曰：「見賢思齊焉，見不賢而內自省也。」

【譯文】

孔子說：「見到賢人，就想著向他看齊；見到不賢的人，就反省自己做得怎麼樣。」

【原文】

子曰：「事父母幾[1]諫，見志不從，又敬不違，勞[2]而不怨。」

【注釋】

①幾：輕微，委婉。

②勞：憂勞，憂愁。

【譯文】

孔子說：「侍奉父母，如果他們有過錯就應委婉地勸說，如果他們不願聽從，也要恭恭敬敬而不冒犯他們，只是內心憂愁，但不怨恨。」

孔子聖蹟圖．孝經傳曾

【原文】

子曰：「父母在，不遠遊[1]，遊必有方[2]。」

【注釋】

①遊：指遊學求官或外出經商等活動。

②方：一定的地方。

【譯文】

孔子說：「父母在世，不離家遠行，如果一定要出遠門，也必須有個明確的去處。」

【原文】

子曰：「三年無改於父之道，可謂孝矣。」

【譯文】

孔子說：「做子女的如果能長期不改變父親生前的行事之道，這樣的人就可以稱為孝了。」

【原文】

子曰：「父母之年，不可不知也。一則以喜，一則以懼。」

【譯文】

孔子說：「父母的年齡，不可不記在心中。一方面為他們高壽而歡喜，一方面為他們衰老而憂心。」

【原文】

子曰：「古者言之不出，恥躬之不逮也[1]。」

【注釋】

①躬：自身的行動。逮：趕上。

【譯文】

孔子說：「古時的人話不輕易說出口，他們以自己的行為跟不上自己的言語為恥。」

【原文】

子曰：「以約失之者，鮮矣。」

【譯文】

孔子說：「由於約束自己而犯過錯的人是很少的。」

【原文】

子曰：「君子欲訥[1]於言而敏於行。」

【注釋】

①訥：言語遲鈍，這裡指說話謹慎。

【譯文】

孔子說：「君子應該說話謹慎而行事敏捷。」

【原文】

子曰：「德不孤，必有鄰。」

【譯文】

孔子說：「仁德的人不會孤獨，必定有與他志同道合的人和他親近。」

【原文】

子游曰：「事君數[1]，斯辱矣；朋友數，斯疏矣。」

【注釋】

①數：頻頻，多次，這裡是煩瑣的意思。

【譯文】

子游說：「侍奉君主過於煩瑣，就會遭受羞辱；對待朋友太過煩瑣，就會被疏遠。」

公冶長篇第五

【原文】

子謂公冶長①：「可妻②也。雖在縲紲③之中，非其罪也。」以其子④妻之。

【注釋】

①公冶長：孔子學生，姓公冶，名長。
②妻：以女嫁人。
③縲紲（音雷泄）：捆綁犯人的繩子，這裡指監獄。
④子：兒女，這裡指女兒。

【譯文】

孔子談起公冶長這個人，說：「可以把女兒嫁給他。他雖曾被關入監獄，但那不是他的罪過。」於是把自己的女兒嫁給了他。

【原文】

子謂南容①：「邦有道，不廢；邦無道，免於刑戮。」以其兄之子妻之。

【注釋】

①南容：孔子學生，姓南宮，名適，字子容。

【譯文】

孔子談起南容這個人，說：「國家政治清明，他不會被廢棄不用；國家政治動亂，他也能免遭刑罰。」於是把自己兄長的女兒嫁給了他。

【原文】

子謂子賤①：「君子哉若人！魯無君子者，斯焉取斯？」

【注釋】

①子賤：孔子學生，姓宓，名不齊，字子賤。

【譯文】

孔子談起子賤這個人，說：「這個人真是個君子啊！假如魯國沒有君子，他從哪裡學到這樣的品德呢？」

孔子聖蹟圖・大夫師事

【原文】

子貢問曰：「賜也何如？」子曰：「女，器也。」曰：「何器也？」曰：「瑚璉①也。」

【注釋】

①瑚璉：古代祭祀時盛黍稷的貴重禮器，上面裝飾有玉，十分貴重華美。孔子將子貢比作瑚璉，是對他才幹的肯定，但他也認為子貢還沒有達到「君子之器」那種程度。

【譯文】

子貢問道：「我這個人怎麼樣？」孔子說：「你呀，好比一個器具。」

子貢問：「是什麼器具？」孔子說：「是瑚璉。」

【原文】

或曰：「雍①也，仁而不佞②。」子曰：「焉用佞？御人以口給③，屢憎於人。不知其仁，焉用佞？」

【注釋】

①雍：孔子弟子冉雍，字仲弓。

②佞（音寧）：口才好，能言善辯。

③御人：與人辯駁。口給：口才敏捷。

【譯文】

有人說：「冉雍這個人，有仁德，但缺少口才。」孔子說：「何必要有好口才呢？巧嘴利舌地與人辯駁，常被人厭惡。我不清楚冉雍是否有仁德，但何必要有口才呢？」

【原文】

子使漆雕開①仕。對曰：「吾斯之未能信。」子說。

【注釋】

①漆雕開：孔子學生，姓漆雕，名開，字子開。

【譯文】

孔子讓漆雕開去做官。漆雕開回答說：「我對做官還沒有信心。」孔子聽了很高興。

【原文】

子曰：「道不行，乘桴①浮於海。從我者，其由與？」子路聞之喜。子曰：「由也，好勇過我，無所取材②。」

【注釋】

①桴：竹木製的小筏。

②材：通「哉」。

【譯文】

孔子說：「如果我的主張不能施行，我就乘小木筏到海外去。能跟從我的人，大概只有仲由吧？」

子路聽了很高興。孔子說：「仲由在好勇這方面勝過我，但這點是不足取的呀。」

【原文】

孟武伯問：「子路仁乎？」子曰：「不知也。」又問。子曰：「由也，千乘之國，可使治其賦①也，不知其仁也。」

「求也何如？」子曰：「求也，千室之邑②，百乘之家③，可使為之宰④也，不知其仁也。」

「赤也何如？」子曰：「赤⑤也，束帶⑥立於朝，可使與賓客言也，不知其仁也。」

【注釋】

①賦：兵賦，古代以田賦出兵，所以稱兵為賦，這裡指軍事工作。

②千室之邑：有千戶人家的大邑，是卿大夫能有的領地。

③家：指卿大夫家。

④宰：家臣。

⑤赤：孔子學生，姓公西，名赤，字子華。

⑥束帶：束緊腰帶，指整飾儀容。

【譯文】

孟武伯問：「子路是個有仁德的人嗎？」孔子說：「不知道。」孟武伯追問。孔子說：「仲由呀，一個有千輛兵車的國家，可以讓他主管軍事。至於他有沒有仁德，我不知道。」

孟武伯又問：「冉求這個人怎麼樣？」孔子說：「冉求呀，一個有千戶封邑、百輛兵車的卿大夫家，可以任用他為家臣。至於他有沒有仁德，我不知道。」

孟武伯又問：「公西赤這個人怎麼樣？」孔子說：「公西赤呀，可以讓他穿上禮服，站在朝廷接待賓客。至於他有沒有仁德，我不知道。」

【原文】

子謂子貢曰：「女與回也，孰愈①？」對曰：「賜也何敢望回！回也聞一以知十，賜也聞一以知二。」子曰：「弗如也，吾與②女弗如也。」

【注釋】

①愈：勝過。

②與：連詞，和。一說贊同。

【譯文】

孔子對子貢說：「你覺得你和顏回比，誰更優秀？」子貢回答說：「我哪裡敢和顏回比呀！顏回聽到一件事，可以推知十件事；我聽到一件事，只能推知兩件事。」孔子說：「是不如他呀，我和你都不如他。」

【原文】

宰予晝寢。子曰：「朽木不可雕也，糞土之牆不可杇①也。於予與何誅②？」子曰：「始吾於人也，聽其言而信其行；今吾於人也，聽其言而觀其行。於予與改是。」

【注釋】

①杇（音污）：粉刷。

②誅：責備。

【譯文】

宰予白天睡覺。孔子說：「腐朽的木頭無法雕刻，糞土般的牆壁不能粉刷。對於宰予，責備還有什麼用呢？」孔子又說：「先前我對於人，聽了他的話便相信他的行為；如今我對於人，聽了他的話還得再觀察他的行為。是宰予讓我有了這樣的改變。」

【原文】

子曰：「吾未見剛者。」或對曰：「申棖[1]。」子曰：「棖也欲，焉得剛？」

【注釋】

①申棖（音呈）：孔子學生。

【譯文】

孔子說：「我沒見過剛強不屈的人。」有人回答說：「申棖就是。」孔子說：「申棖慾望太多，哪能算剛強不屈？」

【原文】

子貢曰：「我不欲人之加諸我也，吾亦欲無加諸人。」子曰：「賜也，非爾所及也。」

【譯文】

子貢說：「我不願別人把不好的事強加在我身上，我也不會把不好的事強加在別人身上。」孔子說：「賜啊，這不是你能夠做到的。」

【原文】

子貢曰：「夫子之文章[1]，可得而聞也；夫子之言性與天道，不可得而聞也。」

【注釋】
①文章：泛指詩、書、禮、樂等古代文獻方面的學說。

【譯文】
子貢說：「先生講授的古代文獻方面的知識，我們依靠耳聞能夠學到；先生關於人性和天道方面的見解，我們只是靠耳聞是學不到的。」

【原文】
子路有聞，未之能行，惟恐有[1]聞。

【注釋】
①有：通「又」。

【譯文】
子路聽到一種道理，如果還沒能去實行，便唯恐又聽到新的道理。

【原文】
子貢問曰：「孔文子[1]何以謂之『文』也？」子曰：「敏而好學，不恥下問，是以謂之『文』也。」

【注釋】
①孔文子：衛國大夫，姓孔，名圉，謚號文。

【譯文】
子貢問道：「孔文子因什麼得到『文』這個謚號呢？」孔子說：「他聰敏好學，不以向不及自己的人請教為恥，所以給他『文』這個謚號。」

【原文】
子謂子產[1]：「有君子之道四焉：其行己也恭，其事上也敬，其養民也惠，其使民也義。」

【注釋】

①子產：姓公孫，名僑，字子產，春秋鄭國賢相，執政鄭國二十多年，在內政外交方面都有成就，是我國古代傑出的政治家和外交家。

【譯文】

孔子談起子產這個人，說：「他有四個方面合於君子之道：他自己的行為莊重謙遜，他侍奉君主恭敬謹慎，他撫養百姓施予恩惠，他役使民眾合於道理。」

【原文】

子曰：「晏平仲[1]善與人交，久而敬之。」

【注釋】

①晏平仲：齊國大夫，名嬰，字仲，謚號平。

【譯文】

孔子說：「晏平仲善於與人交往，相交越久，別人越尊敬他。」

【原文】

子曰：「臧文仲居蔡[1]，山節藻棁[2]，何如其智也？」

【注釋】

①臧文仲：魯國大夫，姓臧孫，名辰，謚號文。臧文仲在當時被人們稱為智者，但因不遵守周禮，被孔子指責為「不仁」「不智」。居：讓其居住。蔡：用於占卜的大龜。蔡地產龜，所以將大龜叫作蔡。

②節：柱上的斗栱。棁（音桌）：房樑上的短柱。

【譯文】

孔子說：「臧文仲給養的大龜蓋了座房子，房子的斗栱上雕成山的形狀，短柱上面繪有藻草花紋，他這種人怎麼能算聰明呢？」

【原文】

子張問曰：「令尹子文①三仕為令尹，無喜色；三已之，無慍色。舊令尹之政，必以告新令尹。何如？」子曰：「忠矣。」曰：「仁矣乎？」曰：「未知，焉得仁？」

「崔子弒齊君②，陳文子③有馬十乘，棄而違④之。至於他邦，則曰：『猶吾大夫崔子也。』違之。之一邦，則又曰：『猶吾大夫崔子也。』違之。何如？」子曰：「清矣。」曰：「仁矣乎？」曰：「未知，焉得仁？」

【注釋】

①令尹：楚國官名，相當於宰相。子文：姓斗，名谷于菟，字子文。
②崔子：即齊國大夫崔杼。齊君：齊莊公。
③陳文子：齊國大夫，名須無。
④違：離開。

【譯文】

子張問道：「令尹子文多次擔任楚國的令尹，沒有表現出高興的樣子；多次被罷免，沒有表現出怨恨的樣子。每次交接時，他一定把自己任內的一切政務告知接替他的新令尹。這個人怎樣？」孔子說：「這個人算是國家的忠臣了。」子張問：「算得上是仁人嗎？」孔子說：「不知道，不過這怎麼能算仁呢？」

子張又問：「崔杼弒殺齊莊公，陳文子有四十匹馬，捨棄不要，離開齊國。到了別的國家，他說：『這裡的執政者和我們的大夫崔子一樣。』於是離去。到了另一個國家，他又說：『這裡的執政者和我們的大夫崔子一樣。』然後又離去。這個人怎麼樣？」孔子說：「這個人算是個清正的人。」子張問：「算得上是仁人嗎？」孔子說：「不知道，不過這怎麼能算仁呢？」

【原文】

季文子[1]三思而後行。子聞之，曰：「再，斯可矣。」

【注釋】

①季文子：即季孫行父，魯成公、魯襄公時任正卿，謚號文。

【譯文】

季文子做每件事前都要思考多次，然後再實行。孔子聽到了，說：「考慮兩次也就行了。」

【原文】

子曰：「寧武子[1]，邦有道則智，邦無道則愚。其智可及也，其愚不可及也。」

【注釋】

①寧武子：衛國大夫，姓寧，名俞，謚號武。

【譯文】

孔子說：「寧武子這個人，國家政治清明時，他就顯得很聰明；國家政治動亂時，他就顯得很愚笨。他的聰明是別人可以達到的，他的那種愚笨是別人達不到的。」

【原文】

子在陳[1]，曰：「歸與！歸與！吾黨之小子狂簡[2]，斐然成章[3]，不知所以裁[4]之。」

【注釋】

①陳：陳國。

②吾黨：指孔子的故鄉魯國。狂簡：志向高遠而做事粗略。
③斐然成章：比喻富有文采，文章有造詣。
④裁：裁剪，這裡指對人才的培養。

【譯文】

孔子在陳國時，說道：「回去吧！回去吧！我家鄉的那些學生懷有遠大的志向，文采斐然可觀，我不知道怎樣去指導他們。」

【原文】

子曰：「伯夷、叔齊[1]，不念舊惡，怨是用希。」

【注釋】

①伯夷、叔齊：商末孤竹國君的兩個兒子。孤竹國君死後，兩人因互相讓王位而出逃。武王伐紂，兩人極力勸諫。商亡後，他們隱居在首陽山，拒食周粟，最終餓死。

【譯文】

孔子說：「伯夷、叔齊不計較過去的仇恨，因為別人很少對他們有怨恨。」

【原文】

子曰：「孰謂微生高[1]直？或乞醯[2]焉，乞諸其鄰而與之。」

【注釋】

①微生高：魯國人。
②醯（音西）：醋。

【譯文】

孔子說：「誰說微生高這個人直爽？有人向他討一點醋，他不直說沒有，卻向鄰居討來給那人。」

【原文】

子曰：「巧言、令色、足[1]恭，左丘明[2]恥之，丘亦恥之；匿怨而友其人，左丘明恥之，丘亦恥之。」

【注釋】

①足：過分。

②左丘明：魯國人，曾任魯國太史，相傳為《左傳》的作者。

【譯文】

孔子說：「花言巧語，容色偽善，過分恭敬，這種態度，左丘明認為是可恥的，我也認為是可恥的；把怨恨隱藏在心裡，外表卻裝出和人友好，這種行為，左丘明認為是可恥的，我也認為是可恥的。」

【原文】

顏淵、季路侍[1]。子曰：「盍[2]各言爾志？」

子路曰：「願車馬衣輕裘，與朋友共，敝之而無憾。」

顏淵曰：「願無伐[3]善，無施[4]勞。」

子路曰：「願聞子之志。」

子曰：「老者安之，朋友信之，少者懷之。」

【注釋】

①侍：站在尊者旁邊陪著叫侍。

②盍（音何）：何不。

③伐：夸耀。

④施：顯耀。

【譯文】

顏淵、子路兩人侍立在孔子身旁。孔子說：「你們何不各自談談自己的志向呢？」

子路說：「我願意拿出自己的車馬、衣服、皮袍和朋友共同使用，就是用壞了也不抱怨。」

顏淵說：「我願不誇耀自己的長處，不顯揚自己的功勞。」

子路說：「我們也想聽聽老師的志向。」

孔子說：「我的志向是使老人安逸，使朋友們信任我，使年輕人懷念我。」

孔子聖蹟圖．忠信濟水

【原文】

子曰：「已矣乎！吾未見能見其過而內自訟①者也。」

【注釋】

①訟：責備。

【譯文】

孔子說：「算了吧！我還沒見過能看到自己的過錯而在內心自責的人。」

【原文】

子曰：「十室之邑，必有忠信如丘者焉，不如丘之好學也。」

【譯文】

孔子說：「即使是十戶人家的小村子，也一定會有像我這樣忠心誠實的人，只是不如我那樣好學罷了。」

雍也篇第六

【原文】

子曰：「雍也，可使南面①。」

【注釋】

①南面：古代以坐北朝南為尊位，帝王、諸侯和卿大夫都面向南而坐。

【譯文】

孔子說：「冉雍，可以讓他做大官。」

【原文】

仲弓問子桑伯子①。子曰：「可也，簡②。」

仲弓曰：「居敬而行簡，以臨其民，不亦可乎？居簡而行簡，無乃大③簡乎？」子曰：「雍之言然。」

【注釋】

①子桑伯子：人名，事迹不詳，一說是莊子所提到的子桑戶。

②簡：簡要，不繁瑣。

③大：同「太」。

【譯文】

仲弓問起子桑伯子這個人。孔子說：「可以吧，他做事簡約。」

仲弓說：「如果內心嚴肅認真而做事簡約，這樣治理百姓，不也可以嗎？如果內心疏簡而行事又簡單，那不是太簡單了嗎？」孔子說：「冉雍你說得對。」

【原文】

哀公問：「弟子孰為好學？」孔子對曰：「有顏回者好學，不遷怒，不貳①過。不幸短命死矣。今也則亡，未聞好學者也。」

【注釋】

①貳：重複，再次。

【譯文】

魯哀公問孔子：「你的弟子中誰最好學？」孔子回答說：「一個叫顏回的學生最好學，他從不遷怒於人，不會犯同樣的錯誤。不幸的是他短命死了。現在沒有那樣的人了，我再沒聽說有好學的人了。」

【原文】

子華使於齊，冉子為其母請粟。子曰：「與之釜①。」

請益。曰：「與之庾②。」

冉子與之粟五秉③。

子曰：「赤之適齊也，乘肥馬，衣輕裘。吾聞之也：君子周急不繼富。」

【注釋】

①釜：古代量器名，一釜約等於六斗四升。

②庾：古代量器名，一庾約等於二斗四升。

③秉：古代量器名，一秉為十六斛，一斛為十斗。

【譯文】

子華出使齊國，冉有替他的母親向孔子請求補助一些小米。孔子說：「給她六斗四升。」

冉有請求再多給點。孔子說：「再給她二斗四升。」

冉有卻給了她八百斗。

孔子說：「公西赤到齊國去，乘坐的是肥馬駕的車子，穿著輕柔的皮袍。我聽說的是：君子賙濟窮急的人，而不是為富人增益。」

孔子聖蹟圖·受餼分惠

【原文】

原思①為之宰，與之粟九百②，辭。子曰：「毋！以與爾鄰里鄉黨乎！」

【注釋】

①原思：孔子學生，姓原，名憲，字子思。

②九百：其後省去了量名，或斛，或斗。

【譯文】

原思做孔子家的總管，孔子給他俸米九百，原思推辭不受。孔子說：「不要推辭！有多餘的就接濟你的鄉鄰吧！」

【原文】

子謂仲弓，曰：「犂牛之子且角①，雖欲勿用，山川其舍諸？」

【注釋】

①犂牛：耕牛，雜色的牛。騂：赤色。周代崇尚赤色，祭祀時一定要用赤色的牛。角：兩角端正。犂牛這裡比喻仲弓（冉雍）的父親，犂牛之子比喻仲弓，意思是說仲弓的父親雖然身分卑賤，但他的兒子却是個「可使南面」的英才。

【譯文】

孔子談及仲弓，說：「犂牛之子長著赤色的毛和端正的双角，即使人們不想把它用於祭祀，但山川之神難道會捨棄它嗎？」

【原文】

子曰：「回也，其心三月①不違仁，其餘則日月②至焉而已矣。」

【注釋】

①三月：比喻較長的時間。
②日月：比喻較短的時間。

【譯文】

孔子說：「顏回呀，他的心能長久地不違背仁，其他的人則做不到，只是偶爾做到仁罷了。」

【原文】

季康子問：「仲由可使從政也與？」子曰：「由也果[1]，於從政乎何有？」

曰：「賜也可使從政也與？」曰：「賜也達[2]，於從政乎何有？」

曰：「求也可使從政也與？」曰：「求也藝[3]，於從政乎何有？」

【注釋】

①果：果敢，果斷。

②達：通達、順暢。

③藝：有才能技藝。

【譯文】

季康子問孔子：「仲由可以讓他治理政事嗎？」孔子說：「仲由做事果斷，讓他治理政事有什麼難的呢？」

季康子又問：「端木賜可以讓他治理政事嗎？」孔子說：「端木賜通達事理，讓他治理政事有什麼難的呢？」

季康子再問：「冉求可以讓他治理政治嗎？」孔子說：「冉求多才多藝，讓他治理政事有什麼難的呢？」

【原文】

季氏使閔子騫為費宰[1]。閔子騫曰：「善為我辭焉！如有復我者，則吾必在汶上[2]矣。」

【注釋】

①閔子騫：孔子弟子，姓閔，名損，字子騫。費：季氏封邑。

②汶上：即汶水以北，這裡指齊國。汶水即今山東大汶河，在齊國南面，魯國北面。

【譯文】

季氏派人請閔子騫任費邑的邑宰。閔子騫對來人說：「請好好地替我推辭吧！如果再來召我，那我一定逃到汶水北面的齊國去了。」

孔子聖蹟圖．不對田賦

【原文】

伯牛①有疾，子問之，自牖②執其手，曰：「亡③之，命矣夫！斯人也而有斯疾也！斯人也而有斯疾也！」

【注釋】

①伯牛：孔子弟子，姓冉，名耕，字伯牛。

②牖：窗戶。

③亡：失去，一說為死亡。

【譯文】

伯牛生病，孔子去探望他，從窗戶伸手進去，握著伯牛的手，說：「要失去這個人了，這是命呀！這樣的好人竟得這種病！這樣的好人竟得這種病！」

【原文】

子曰：「賢哉，回也！一簞①食，一瓢飲，在陋巷，人不堪其憂，回也不改其樂。賢哉，回也！」

【注釋】

①簞（音單）：古代盛飯用的圓形竹器。

【譯文】

孔子說：「顏回是多麼的賢德呀！一簞飯，一瓢水，以此生存；他居住在簡陋的小巷裡，一般人都以過這種清貧生活為憂，而顏回卻不改變他自有的快樂。顏回是多麼的賢德呀！」

【原文】

冉求曰：「非不說子之道，力不足也。」子曰：「力不足者，中道而廢，今女畫①。」

【注釋】

①畫：停止。

【譯文】

冉求說：「不是我不喜歡先生您的學說，是我的力量不夠。」孔子說：「力量不夠，應該走到半路而停下來，而如今你還沒行動就停止了。」

【原文】

子謂子夏曰：「女為君子儒①，毋為小人儒②。」

【注釋】

①君子儒：指通曉禮法，具有理想人格的讀書人。

②小人儒：指不通禮儀，品格平庸的讀書人。

【譯文】

孔子對子夏說：「你要做君子一類的讀書人，不要做小人一般的讀書人。」

【原文】

子游為武城[1]宰。子曰：「女得人焉爾乎？」曰：「有澹臺滅明[2]者，行不由徑[3]，非公事，未嘗至於偃之室也。」

【注釋】

①武城：魯國邑名。
②澹臺滅明：姓澹臺，名滅明，字子羽，後成為孔子弟子。
③徑：小徑，這裡引申為不正當的邪路。

【譯文】

子游做武城的邑宰。孔子對他說：「你在那裡得了人才沒有？」子遊說：「有一個名叫澹臺滅明的人，走路從來不抄小道捷徑，不是公事，從不到我屋裡來。」

【原文】

子曰：「孟之反不伐[1]，奔而殿[2]，將入門，策其馬，曰：『非敢後也，馬不進也。』」

【注釋】

①孟之反：魯國大夫，姓孟，名側，字之反。伐：誇功。
②奔：軍隊敗逃。殿：殿後。魯哀公十一年（前484年），魯國與齊國交戰，魯國右路軍敗退時，孟之反殿後，抵擋齊國追兵。

【譯文】

孔子說：「孟之反不喜歡誇耀自己的功勞，軍隊打仗敗逃時，他留在後面掩護，將進城門時，他用鞭子打著自己的馬，說：『不是我敢留在後面，是馬匹不肯往前走。』」

【原文】

子曰：「不有祝①之佞，而有宋朝②之美，難乎免於今之世矣。」

【注釋】

①祝：衛國大夫，字子魚，有口才。

②宋朝：宋國公子朝，以容貌美麗聞名於當時。

【譯文】

孔子說：「如果沒有祝那樣的口才，也沒有宋朝那樣的美貌，那麼在當今之世是難免災禍的。」

【原文】

子曰：「誰能出不由戶？何莫由斯道也？」

【注釋】

孔子說：「誰能不經過門戶而走到屋外去呢？可為什麼沒有人走我指出的這條道路呢？」

【原文】

子曰：「質勝文則野①，文勝質則史②。文質彬彬③，然後君子。」

【注釋】

①質：樸實，自然。文：文采。孔子認為，仁義是質，禮樂是文，是內容與形式的關係，二者必須恰當配合，不能有所偏頗。野：粗野。

②史：文辭繁雜而顯浮誇。

③彬彬：指質與文配合很恰當的樣子。

【譯文】

孔子說：「質樸超過文采，就會顯得粗野；文采超過質樸，就會顯得浮誇。二者兼備，比例均稱，這才是君子。」

【原文】

子曰：「人之生也直，罔①之生也幸而免。」

【注釋】

①罔：枉曲，不正直。

【譯文】

孔子說：「一個人能夠生存是因為正直，而不正直的人也能生存，那只是僥倖避免了災禍。」

【原文】

子曰：「知之者不如好①之者，好之者不如樂②之者。」

【注釋】

①好：喜好。

②樂：以此為樂。

【譯文】

孔子說：「對於學問，懂得它的人不如喜好它的人，喜好它的人不如以它為樂的人。」

【原文】

子曰：「中人以上，可以語上也；中人以下，不可以語上也。」

【譯文】

孔子說：「具有中等以上智力的人，可以教給他高深的學問；中等以下智力的人，不可以教給他高深的學問。」

【原文】

樊遲問知。子曰：「務民之義[①]，敬鬼神而遠之，可謂知矣。」

問仁。曰：「仁者先難而後獲，可謂仁矣。」

【注釋】

①務：致力於，從事於。義：應該做的事。

【譯文】

樊遲問怎樣才算聰明。孔子說：「專心致力於為人民應該做的事情上，尊敬鬼神而遠離它，這可算是聰明了。」

又問怎樣才是仁。孔子說：「有仁德的人先要付出一定的艱苦勞動，然後才會有所收穫，這可說是仁了。」

【原文】

子曰：「知者樂水，仁者樂山。知者動，仁者靜。知者樂，仁者壽。」

【譯文】

孔子說：「智者喜好水，仁者喜好山。智者好動，仁者沉靜。智者快樂，仁者長壽。」

【原文】

子曰：「齊一變，至於魯；魯一變，至於道。」

【譯文】

孔子說：「齊國一行變革，便能像現在的魯國一樣；魯國一行變革，便可達到先王的大道了。」

【原文】

子曰：「觚①不觚，觚哉！觚哉！」

【注釋】

①觚（音孤）：古代酒器。觚本上圓下方，上有棱角，容量約二升，後來去除了棱角而製成圓形，容量有所增大，所以孔子有此之嘆。

【譯文】

孔子說：「觚不像個觚了，這也是觚嗎！這也是觚嗎！」

【原文】

宰我問曰：「仁者，雖告之曰『井有仁焉』，其從之也？」子曰：「何為其然也？君子可逝①也，不可陷也；可欺也，不可罔②也。」

【注釋】

①逝：往。這裡指到井邊去看並設法救人。

②罔：矇蔽，陷害。

【譯文】

宰我問道：「一個有仁德的人，如果別人告訴他說『井裡掉下一位仁人了』，那他會跟著跳下去營救嗎？」孔子說：「為什麼要這樣做呢？君子可以到井邊設法救人，但不可使自己也陷入井中；可以被欺騙，但不能被無理陷害。」

【原文】

子曰：「君子博學於文，約之以禮，亦可以弗畔①矣夫！」

【注釋】

①畔：通「叛」。

【譯文】

孔子說：「君子廣泛地學習古代的典籍，並以禮約束自己，也就能不離經叛道了。」

【原文】

子見南子①，子路不悅。夫子矢之曰：「予所否者②，天厭之！天厭之！」

孔子聖蹟圖・禮見南子

【注釋】

①南子：衛靈公夫人，當時衛國的實權掌握在她手中，而且她名聲也不好，所以孔子去見她，子路會不高興。

②所：假如，常用於誓詞中。否：不合道義。

【譯文】

孔子去見南子，子路對此很不高興。孔子發誓說：「如果我做了不對的事，天會厭棄我！天會厭棄我！」

【原文】

子曰：「中庸[1]之為德也，其至矣乎！民鮮久矣。」

【注釋】

①中庸：「中」就是無過無不及，即不偏不倚的意思。「庸」是平常、不變的意思。孔子認為它是一種最高的道德標準。

【譯文】

孔子說：「中庸這種道德，應該是最好的了。人們缺乏這一道德已經很久了。」

【原文】

子貢曰：「如有博施於民而能濟眾，何如？可謂仁乎？」子曰：「何事於仁！必也聖乎！堯、舜其猶病[1]諸！夫仁者，己欲立而立人，己欲達而達人。能近取譬[2]，可謂仁之方也已。」

【注釋】

①病：難，心有餘而力不足。

②取譬：尋取比喻，這裡的比喻指由自己出發而比方到別人。

【譯文】

子貢說：「如果有人能對民眾廣施恩惠，又能賙濟民眾，這怎麼樣？可以說是仁嗎？」孔子說：「豈止是仁啊，那簡直是聖人了！堯、舜大概也難以做到吧！那仁者啊，自己想立身於世，也使別人站得住；自己想做事通達，也使別人通達。凡事都以自身為例而想到別人，可說是施行仁德的方法了。」

述而篇第七

【原文】

子曰：「述而不作①，信而好古，竊比於我老彭②。」

【注釋】

①作：創作，創造。

②老彭：商朝賢大夫，《大戴禮記》有載，據說他好述古事。「我」是孔子表示對這個人的親切感。

【譯文】

孔子說：「只闡述而不創作，相信且喜好古代文化，我私下裡把自己比作老彭。」

【原文】

子曰：「默而識①之，學而不厭，誨人不倦，何有於我哉？」

【注釋】

①識：記得，記住。

【譯文】

孔子說：「默默地記住所學的知識，學習不覺得厭煩，教導別人而不知疲倦，這三件事我做到了哪一件呢？」

【原文】

子曰：「德之不修，學之不講，聞義不能徙①，不善不能改，是吾憂也。」

【注釋】

①徙：遷徙，這裡指向義靠攏，使自己的所為符合義。

【譯文】

孔子說：「品德不加培養，學問沒有講習，聽到義却不能實行，有了不好的地方却不能改正，這些都是我憂慮的事。」

【原文】

子之燕居①，申申如也，夭夭②如也。

【注釋】

①燕居：閒居。

②夭夭：與「申申」意思相近，都形容舒暢和樂的樣子。

【譯文】

孔子在家閒居的時候，形態舒展自如，臉上露出和悅的顏色。

【原文】

子曰：「甚矣吾衰也！久矣吾不復夢見周公①。」

【注釋】

①周公：姓姬，名旦，周文王之子，魯國的始祖，他輔佐周成王而有德

政，是孔子尊崇的古代聖人之一。

【譯文】

孔子說：「我衰老得多麼厲害呀！我已經很長時間沒有夢見周公了！」

【原文】

子曰：「志於道，據於德，依於仁，游於藝[1]。」

孔子聖蹟圖．退修詩書

【注釋】

①藝：指六藝，古代教育學生的科目，分別為：禮、樂、射、御、書、數。

【譯文】

孔子說：「立志於大道，堅守著德，依靠著仁，遊憩於六藝之中。」

【原文】

子曰：「自行束脩[①]以上，吾未嘗無誨焉。」

【注釋】

①脩（音修）：脯，乾肉。十條乾肉為一束，這是古人拜師的薄禮。

【譯文】

孔子說：「只要帶著十條乾肉來拜見我的，我沒有不願意收他為徒教誨他的。」

【原文】

子曰：「不憤不啟[①]，不悱不發[②]，舉一隅[③]不以三隅反，則不復[④]也。」

【注釋】

①憤：心裡想要搞明白却不能做到。啟：開導。
②悱（音悔）：嘴上想說却不能說出。發：啟發。
③隅：方形物體的角。
④復：再次教育。

【譯文】

孔子說：「教導學生，不到他想要把問題搞明白而不能明白的時候，我不去開導他；不到他想說而不能說出來的時候，我不去啟發他。告訴他一個角，他不能推知另外三個角，我就不再教他了。」

【原文】

子食於有喪者之側，未嘗飽也。

【譯文】

孔子在有喪事的人旁邊吃飯，從來沒有吃飽過。

【原文】

子於是日哭①，則不歌。

【注釋】

①哭：弔喪而哭。

【譯文】

這天孔子如果為弔喪哭過，就不再唱歌。

【原文】

子謂顏淵曰：「用之則行，舍之則藏，惟我與爾有是夫。」

子路曰：「子行三軍①，則誰與？」

子曰：「暴虎馮河②，死而無悔者，吾不與也。必也臨事而懼，好謀而成者也。」

【注釋】

①三軍：周制規定，大諸侯國有上、中、下三軍，這裡指軍隊。行三軍：統領軍隊。

②暴虎：空手與虎搏鬥。馮：同「憑」。馮河：不乘船光腳過河。

【譯文】

孔子對顏淵說：「任用我，我就做事，不用我，我就隱藏起來，只有我和你能做到這一點吧。」

子路問：「如果讓老師您統率三軍，您願意與誰共事呢？」

孔子說：「空手搏虎、徒步過河，死了都不後悔的人，我不會與他共事。與我共事的人一定是遇事小心謹慎，善於謀略而能成事的人。」

【原文】

子曰：「富而可求也，雖執鞭之士①，吾亦為之。如不可求，從吾所好。」

【注釋】

①執鞭之士：為高官開道的差役，也指市場的守門人，這裡指賤職。

【譯文】

孔子說：「如果富貴可以求得，那麼即使是下賤的差事，我也願意做。如果不能求得，那我還是做我喜歡的事情。」

【原文】

子之所慎：齊①、戰、疾。

孔子聖蹟圖・景公尊讓

【注釋】

①齊：通「齋」，即齋戒。

【譯文】

孔子謹慎對待三件事：齋戒、戰爭、疾病。

【原文】

子在齊聞《韶》，三月不知肉味[①]。曰：「不圖為樂之至於斯也。」

【注釋】

①三月：指時間很長。不知肉味：形容音樂之美，給人精神上的享受，忘掉了物質上的享受。

【譯文】

孔子在齊國聽到了《韶》樂，很長時間感覺不出肉的滋味。說：「真想不到音樂之美可以達到這樣的境界。」

【原文】

冉有曰：「夫子為衛君乎[①]？」子貢曰：「諾，吾將問之。」

入，曰：「伯夷、叔齊[②]，何人也？」曰：「古之賢人也。」曰：「怨乎？」曰：「求仁而得仁，又何怨？」

出，曰：「夫子不為也。」

【注釋】

①為：幫助。衛君：即衛出公蒯輒，春秋衛靈公之孫，太子蒯聵之子。蒯聵因得罪衛靈公夫人南子而逃亡晉國。衛靈公死後，蒯輒即位。晉國欲將蒯聵送回衛國，以引起衛國王位相爭，而藉此侵略衛國。因而衛出公拒絕父親回國。

②伯夷、叔齊：商末孤竹國君之子，二人為互讓王位而出逃，這正與衛國父子爭位成對比，所以子貢借此事探知孔子的態度。

【譯文】

冉有問：「老師會幫助衛君嗎？」子貢說：「好吧，我去問問他。」

子貢走進孔子的屋子，問：「伯夷、叔齊是什麼樣的人？」孔子說：「古代的賢人。」子貢又問：「他們有怨恨嗎？」孔子說：「他們追求仁而得到了仁，又有什麼可怨恨的呢？」

子貢出來後說：「老師是不會幫助衛君的。」

【原文】

子曰：「飯疏食[1]飲水，曲肱[2]而枕之，樂亦在其中矣！不義而富且貴，於我如浮雲。」

【注釋】

①飯：吃。疏食：粗糧。

②肱（音工）：胳膊。

【譯文】

孔子說：「吃粗糧、喝涼水，睡覺時彎著手臂當枕頭，快樂也在其中啊！不合道義而得來的富貴，對我來說如同浮雲一般。」

孔子聖蹟圖・韋編三絕

【原文】

子曰：「加我數年，五十以學《易》[①]，可以無大過矣。」

【注釋】

①《易》：即《周易》，古代用於卜筮。

【譯文】

孔子說：「給我增加幾年壽命，讓我在五十歲時去學習《周易》，就可以沒有大的過失了。」

【原文】

子所雅言[①]，《詩》、《書》、執禮，皆雅言也。

【注釋】

①雅言：當時通行的語言，與方言相對。

【譯文】

孔子有用雅言的時候，讀《詩經》《尚書》，以及執行禮事，都用雅言。

【原文】

葉公[①]問孔子於子路，子路不對。

子曰：「女奚不曰：『其為人也，發憤忘食，樂以忘憂，不知老之將至云爾。』」

【注釋】

①葉公：楚國大夫，姓沈，名諸梁，字子高，曾為葉縣尹，故稱「葉公」。

【譯文】

葉公向子路詢問孔子的為人，子路沒有回答。

孔子說：「你為何不這樣說：『他的為人，發憤時便忘記了吃飯，快樂時便忘記了憂愁，不知道衰老將要到來，如此罷了。』」

【原文】

子曰：「我非生而知之者，好古，敏以求之者也。」

【譯文】

孔子說：「我不是生來就有知識的人，而是喜愛古代的文化，勤奮敏捷地去探求的人。」

【原文】

子不語怪、力、亂、神。

【譯文】

孔子不談論怪異、勇力、違法、鬼神一類的事情。

【原文】

子曰：「三人行，必有我師焉。擇其善者而從之，其不善者而改之。」

【譯文】

孔子說：「三人同行，其中必定有人可以作為我的老師。我擇取他們的優點而學習傚法，看到他們的缺點則借鑑改正。」

【原文】

子曰：「天生德於予，桓[1]其如予何？」

孔子聖蹟圖・宋人伐木

【注釋】

①桓魋（音頹）：宋國司馬向魋，因是宋桓公的後代，所以稱桓魋。《史記》記載：孔子經過宋國，與弟子在大樹下習禮，桓魋欲殺孔子，弟子催孔子快走，孔子說了上面的話。

【譯文】

孔子說：「上天賦予我這樣的品德，桓魋又能拿我怎麼樣？」

【原文】

子曰：「二三子以我為隱乎？吾無隱乎爾。吾無行而不與二三子者，是丘也。」

【譯文】

孔子說：「你們這些學生以為我對你們有什麼隱瞞的嗎？我對你們沒有什麼隱瞞的。我沒有一事不向你們公開，我孔丘就是這樣的人。」

【原文】

子以四教：文、行、忠、信。

【譯文】

孔子教育學生的內容有四方面：文獻、德行、忠義、誠信。

【原文】

子曰：「聖人，吾不得而見之矣；得見君子者，斯可矣。」

子曰：「善人①，吾不得而見之矣；得見有恒②者，斯可矣。亡③而為有、虛而為盈、約而為泰④，難乎有恒矣。」

【注釋】

①善人：指立志行仁的人。

②恒：指堅持一定的操守，不因客觀條件而改變。

③亡：同「無」。

④泰：奢侈。

【譯文】

孔子說：「聖人，我是不能看見了；能看見君子，也就可以了。」

孔子又說：「善人，我是不能看見了；能看見保持操守的人，也就可以了。本來沒有却裝作有，空虛却裝作充實，窮困却裝作豪奢，這樣的人是很難保持操守的。」

【原文】

子釣而不綱①，弋而不射宿②。

【注釋】

①綱：原指網上的大繩，這裡作動詞，指以綱繫住網截斷水流，並在網上掛鉤以捕魚。

②弋：指用帶生絲繩子的箭來射。宿：歇息巢中的鳥。

【譯文】

孔子釣魚，不用大繩繫住網鉤截流取魚。孔子射鳥，不用帶生絲繩子的箭，不射回巢歇息的鳥。

【原文】

子曰：「蓋有不知而作①之者，我無是也。多聞，擇其善者而從之；多見而識之；知之次也。」

【注釋】

①作：做作，造作。

【譯文】

孔子說：「大概有一種什麼都不知道卻憑空造作的人，我不是這樣的人。多多地聽，選取那好的學習；多多地看，把看到的記在心裡。這樣學到的知識，僅次於那些生來就知的人。」

【原文】

互鄉①難與言，童子見，門人惑。子曰：「與②其進也，不與其退也，唯何甚？人潔己以進，與其潔也，不保其往也。」

【注釋】

①互鄉：地名，今在何地不可考，據說當地民風不善。

②與：讚許，贊成。

【譯文】

互鄉這個地方的人難以交談，但孔子卻接見了那裡的一個少年，學生們感到迷惑不解。孔子說：「我讚許他的進步，不是讚許他的退步，何必把事情做得太過分呢？別人懷著潔身自好的想法來了，我應該讚許他的自潔，何必追究他過去的事。」

孔子聖蹟圖・讀書有感

【原文】

子曰：「仁遠乎哉？我欲仁，斯仁至矣。」

【譯文】

孔子說：「仁難道離我們遠嗎？我想行仁，仁就來了。」

【原文】

陳①司敗問：「昭公②知禮乎？」孔子曰：「知禮。」

孔子退，揖巫馬期③而進之，曰：「吾聞君子不黨④，君子亦黨乎？君取於吳，為同姓⑤，謂之吳孟子⑥。君而知禮，孰不知禮？」

巫馬期以告，子曰：「丘也幸，苟有過，人必知之。」

【注釋】

①陳：人名。也有說陳是國名，司敗是司寇誤寫，意為陳國的司寇。

②昭公：即魯昭公，姓姬，名稠。

③巫馬期：孔子弟子，姓巫馬，名施，字子期。

④黨：偏私。

⑤同姓：魯國是周公後代，吳國是太伯後代，他們都是姬姓，根據禮制，同姓不能通婚。

⑥吳孟子：春秋時，國君夫人的稱號應該是她本國國名加上她的姓，因此魯昭公夫人應該稱「吳姬」，可昭公為了掩飾同姓而婚的事實，而稱其為「吳孟子」。孟子可能是昭公夫人的字。

【譯文】

陳司敗問孔子：「魯昭公懂得禮嗎？」孔子說：「懂得禮。」

孔子出去後，陳司敗向巫馬期作了揖，請他走近自己，說：「我聽說君子沒有偏私，難道君子也會偏私嗎？魯君娶了吳國的夫人，這是同姓國家，為了掩飾，稱她為吳孟子。如果魯君也算懂禮，那還有誰不懂禮？」

巫馬期把這話告訴了孔子，孔子說：「我很幸運啊，一有過錯，人家一定會知道的。」

孔子聖蹟圖·作猗蘭操

【原文】

子與人歌而善，必使反之[①]，而後和之。

【注釋】

①反之：反復，指再唱一遍。

【譯文】

孔子與人一起唱歌，如果唱得好，一定請他再唱一遍，然後自己又跟著一起唱。

【原文】

子曰：「文，莫[①]吾猶人也。躬行君子，則吾未之有得。」

【注釋】

①莫：表推測，或許，大概。

【譯文】

孔子說：「就書本上的學問來說，大概我與別人差不多。但是身體力行地做一個君子，我還沒有達到。」

【原文】

子曰：「若聖與仁，則吾豈敢？抑為之不厭，誨人不倦。則可謂云爾已矣。」公西華曰：「正唯弟子不能學也。」

【注釋】

孔子說：「若說聖與仁兩個字，我如何敢當？我只是學習工作時從不厭煩，教育學生從不知疲倦，如此罷了。」公西華說：「這正是弟子們學不到的。」

【原文】

子疾病[1]，子路請禱。子曰：「有諸？」子路對曰：「有之。《誄》[2]曰：『禱爾於上下神祇[3]。』」子曰：「丘之禱久矣[4]。」

【注釋】

①疾病：重病。古時輕者稱疾，重者稱病，二字連用則表示病重。

②誄：向鬼神祈禱求福的禱文。

③祇：地神。

④丘之禱久矣：孔子這麼說的意思歷來有兩種說法：一說孔子已經祈禱過了，所以不必再祈禱了，由此可見孔子也是迷信鬼神的人；一說孔子對祈禱一事表示懷疑，說自己祈禱過，可病情不見好轉，暗示鬼神不可信，這和孔子平時對鬼神是否存在所持的懷疑態度是一致的。

【譯文】

孔子得了重病，子路請求為他祈禱。孔子說：「有這事嗎？」子路回答說：「有的。《誄》文上說：『為你向天地神祇祈禱。』」孔子說：「我早就祈禱過了。」

【原文】

子曰：「奢則不孫[1]，儉則固[2]。與其不孫也，寧固。」

【注釋】

①孫：通「遜」，恭謹。

②固：固陋。

【譯文】

孔子說：「奢侈就會顯得不恭謹，儉樸就會顯得固陋。與其不恭謹，寧可固陋。」

【原文】

子曰：「君子坦蕩蕩，小人長戚戚。」

【譯文】

孔子說：「君子心胸平坦寬廣，小人經常侷促憂愁。」

【原文】

子溫而厲，威而不猛，恭而安。

【譯文】

孔子溫和而嚴厲，威嚴而不剛猛，恭敬而安詳。

泰伯篇第八

【原文】

子曰：「泰伯①，其可謂至德也已矣。三以天下讓，民無得而稱焉。」

【注釋】

①泰伯：周朝先祖古公亶父長子，亦稱「太伯」。古公亶父有三子，太伯、仲雍、季歷，季歷的兒子即後來的周文王姬昌。相傳古公亶父見季歷賢明，又見姬昌有聖德，欲破例傳位於幼子季歷。於是太伯和仲雍出逃至勾吳，後又創造各種條件使季歷合理繼承王位。

【譯文】

孔子說：「太伯，那可以說道德高到極點了。他多次辭讓王位，百姓真不知道用什麼言語來稱頌他。」

【原文】

子曰：「恭而無禮則勞，慎而無禮則葸[①]，勇而無禮則亂，直而無禮則絞[②]。君子篤[③]於親，則民興於仁；故舊[④]不遺，則民不偷[⑤]。」

【注釋】

①葸（音喜）：拘謹，畏懼。
②絞：尖刻，偏激。
③篤：厚待。
④故舊：故交，老朋友。
⑤偷：輕薄，這裡指人與人之間感情冷漠。

【譯文】

孔子說：「只講恭敬而不知禮，就會勞倦不安；只知謹慎而不知禮，就會畏縮拘謹；只是勇敢而不知禮，就會犯上作亂；只是直率而不知禮，就會偏激尖刻。君子厚待自己的親族，那百姓當中就會興起仁風；君子不遺棄老朋友，百姓就不會對人冷漠。」

【原文】

曾子有疾，召門弟子曰：「啟[①]予足！啟予手！《詩》云[②]：『戰戰兢兢，如臨深淵，如履薄冰。』而今而後，吾知免[③]夫！小子。」

【注釋】

①啟：通「瞀」，看看的意思。曾子從儒家孝道觀念出發，認為「身體髮膚，受之父母，不敢毀傷」，現在自己快死了，叫學生們看看，以證明自己做到了孝。
②《詩》云：下三句出自《詩經・小雅・小旻》。
③免：指身體免於毀傷。曾子的意思是說，自己活著的時候，身體沒有毀傷，現在快要死了，身體就不會毀傷了。

【譯文】

曾子病重，他把自己的學生召到身邊，對他們說：「看看我的腳！看看我的手！《詩經》上說：『小心謹慎啊，好像身臨深淵，好像行走在薄冰上。』從今以後，我知道我的身體不會再受毀傷了！學生們！」

【原文】

曾子有疾，孟敬子問之①。曾子言曰：「鳥之將死，其鳴也哀；人之將死，其言也善。君子所貴乎道者三：動容貌②，斯遠暴慢③矣；正顏色，斯近信矣；出辭氣，斯遠鄙倍④矣。籩豆⑤之事，則有司存。」

【注釋】

①孟敬子：魯國大夫仲孫捷。問：探望。

②動容貌：使容貌從容恭敬。

③暴慢：粗暴無禮，怠慢放肆。

④倍：同「背」，指違背道理。

⑤籩豆：古代用於祭祀的兩種禮器，籩為竹器，豆為木器。

【譯文】

曾子病重，孟敬子去探望他。曾子對他說：「鳥快死的時候，鳴叫聲是悲哀的；人快死的時候，說的話是善意的。君子所重視的事有三個方面：讓自己容貌從容恭敬，就會遠離粗暴和放肆；讓自己神色端莊，就能近於誠實守信；說話時注意言辭語氣，就可以避免粗鄙和背理。至於祭祀和禮儀一類的事情，自有主管這方面事情的官員去做。」

【原文】

曾子曰：「以能問於不能，以多問於寡；有若無，實若虛，犯而不校①。昔者吾友②嘗從事於斯矣。」

【注釋】

①校：同「較」，計較。

②吾友：我的朋友，前人多以為指顏回。

【譯文】

曾子說：「自己有才能却向沒有才能的人請教，自己知識豐富却向知識貧乏的人請教；有就像沒有一樣，充實就像虛空一樣，被人侵犯也不計較。以前我有個朋友就曾這樣做。」

【原文】

曾子曰：「可以托六尺之孤[①]，可以寄百里[②]之命，臨大節而不可奪也。君子人與？君子人也。」

【注釋】

①六尺之孤：指未成年的孤兒，身長六尺一般指十五歲以下孩童。託孤：受君主臨終前的囑咐輔佐幼主。

②百里：諸侯國。

【譯文】

曾子說：「可以把幼小的孤兒託付於他，可以把國家的命運託付於他，在生死存亡的緊要關頭，能夠保持大節不變，這樣的人是君子嗎？是君子啊！」

【原文】

曾子曰：「士不可以不弘毅[①]，任重而道遠。仁以為己任，不亦重乎？死而後已，不亦遠乎？」

【注釋】

①弘：廣大。毅：堅毅。

【譯文】

曾子說：「士人不可以不寬宏堅毅，因為他們責任重大，路途遙遠。把實現仁作為自己的責任，難道責任不是很重大嗎？一直到死才卸下重任，難道路程不是很遙遠嗎？」

【原文】

子曰：「興於詩，立於禮，成於樂。」

【譯文】

孔子說：「《詩》能激發我的心志，禮能使我立身於社會，樂能使我完成修養。」

【原文】

子曰：「民可使由之，不可使知之。」

【譯文】

孔子說：「老百姓，可以讓他們照著我們的意志去做事，不可讓他們知道為什麼這樣做。」

孔子聖蹟圖．杏壇禮樂

【原文】

子曰：「好勇疾[①]貧，亂也。人而不仁，疾之已甚[②]，亂也。」

【注釋】

①疾：厭惡。

②已甚：太過分。

【譯文】

孔子說：「喜好勇力而厭惡貧窮，就會生亂。對於不仁的人，如果痛恨得過分，也會生亂。」

【原文】

子曰：「如有周公之才之美，使驕且吝，其餘不足觀也已。」

【譯文】

孔子說：「如果一個人有周公那樣優秀的才能，可他却驕傲且吝嗇，那其他方面就不值得一看了。」

【原文】

子曰：「三年學，不至於穀[①]，不易得也。」

【注釋】

①穀：古代以穀米為官員俸祿，這裡指做官。

【譯文】

孔子說：「讀書三年，却從不想做官的事，這是很難得的。」

【原文】

子曰：「篤信[1]好學，守死善道。危邦不入，亂邦不居。天下有道則見[2]，無道則隱。邦有道，貧且賤焉，恥也；邦無道，富且貴焉，恥也。」

【注釋】

① 篤信：堅持自己所行之道。

② 見：同「現」，指出來做官。

【譯文】

孔子說：「信念堅定且勤奮好學，寧死也要堅守大道。不進入政局不穩的國家，不居住在動盪混亂的國家。天下政治清明就出來做官，天下政治黑暗就隱居不出。國家政治清明，自己卻身處貧賤，這是恥辱；國家政治黑暗，自己卻享有富貴，這也是恥辱。」

孔子聖蹟圖．武城絃歌

【原文】

子曰：「不在其位，不謀其政。」

【譯文】

孔子說：「不在那個職位上，就不要考慮那職位上的事。」

【原文】

子曰：「師摯之始①，《關雎》之亂②，洋洋③乎盈耳哉！」

【注釋】

①師摯：魯國名叫摯的樂師。始：樂曲的開端，一般由樂官之長太師演奏。

②亂：樂曲的末章。

③洋洋：形容樂聲美盛。

【譯文】

孔子說：「從太師摯開始演奏，到樂曲末章演奏《關雎》，美妙的樂聲一直充滿我的耳中。」

【原文】

子曰：「狂而不直，侗而不願①，悾悾②而不信，吾不知之矣。」

【注釋】

①侗：無知。願：質樸，老實。

②悾悾（音空）：誠懇的樣子。

【譯文】

孔子說：「狂妄而不正直，無知而不樸實，貌似誠懇却不講誠信，這樣的人真是不能理解。」

【原文】

子曰：「學如不及，猶恐失之。」

【譯文】

孔子說：「學習知識總覺得像在追趕什麼，唯恐追不上，學到了又害怕丟失掉。」

【原文】

子曰：「巍巍[①]乎！舜、禹之有天下也，而不與[②]焉。」

【注釋】

①巍巍：崇高的樣子。
②不與：不相關。這裡指處之泰然，不以得天下為樂。

【譯文】

孔子說：「多麼崇高偉大啊！舜、禹得到了天下，却好像與他們個人不相關。」

【原文】

子曰：「大哉堯之為君也！巍巍乎！唯天為大，唯堯則[①]之。蕩蕩乎！民無能名焉。巍巍乎！其有成功也，煥乎其有文章[②]。」

【注釋】

①則：傚法。
②文章：指禮樂制度。

【譯文】

孔子說：「堯這樣的君主多麼偉大啊！多麼崇高啊！只有天最高大，只有堯能傚法天。他的恩德浩蕩寬廣，百姓真不知道用怎樣的言語來稱讚他。他的功績真是太大了，他的禮樂制度真是輝煌啊！」

【原文】

舜有臣五人而天下治，武王曰：「予有亂臣①十人。」孔子曰：「才難，不其然乎？唐、虞②之際，於斯③為盛。有婦人④焉，九人而已。三分天下有其二，以服事殷。周之德，其可謂至德也已矣。」

【注釋】

①亂臣：治國之臣。

②唐、虞：指堯和舜。堯曾封於唐，故稱唐堯。舜曾封於虞，故稱虞舜。

③斯：指周武王時期。

④婦人：指周武王之妻邑姜。

孔子聖蹟圖·儒服儒行

【譯文】

舜有五位賢臣而使天下大治。周武王曾說：「我有十位治理國家的能臣。」孔子說：「人才難得啊，難道不是這樣的嗎？在堯、舜時期以及周武王那個時候，人才最興盛。而且周武王的十位能臣中還有一位是婦女，實際上只有九人罷了。周文王得到了天下的三分之二，還仍然以臣子的身分侍奉殷商。周朝的德，可以說是最高的了。」

【原文】

子曰：「禹，吾無間然①矣。菲②飲食而致孝乎鬼神，惡衣服而致美乎黻冕③，卑宮室而儘力乎溝洫④。禹，吾無間然矣。」

【注釋】

①間然：空隙，這裡指可非議的不足之處。
②菲：菲薄，微薄。
③黻冕（音伏免）：祭祀時穿戴的禮服禮帽。
④溝洫（音旭）：溝渠。

【譯文】

孔子說：「對於禹，我沒什麼可批評的。他自己飲食粗陋，祭祀鬼神的祭品却很豐盛；他自己衣著破舊，祭祀時的穿著却很華美；他自己的宮室簡陋低矮，却盡心於農田水利。對於禹，我沒什麼可批評的。」

子罕篇第九

【原文】

子罕言利與命與仁①。

【注釋】

①罕：少。與：連詞。一說讚許，這樣理解，那麼這句話的意思就是：孔子很少談到利益，却贊成天命和仁德。

【譯文】

孔子很少談到利益、天命和仁德。

孔子聖蹟圖・脫驂館人

【原文】

達巷[1]黨人曰：「大哉，孔子！博學而無所成名。」子聞之，謂門弟子曰：「吾何執？執御乎？執射乎？吾執御矣。」

【注釋】

①達巷：地名。

【譯文】

達巷這個地方有人說：「孔子真是偉大啊！他學識淵博，可惜沒有一項專長來樹立名聲。」孔子聽到後，對學生們說：「我專門做哪一項呢？駕車？射箭？我還是駕車吧。」

【原文】

子曰：「麻冕，禮也。今也純[1]，儉[2]，吾從眾。拜下[3]，禮也。今拜乎上，泰[4]也。雖違眾，吾從下。」

【注釋】

①純：黑絲。

②儉：用績麻做禮帽，按規定要用經線兩千四百根，細密難成，所以說用絲比較節儉。

③拜下：古時臣子拜見君主的禮節，臣見君時需先跪拜於堂下，待升堂後再跪拜。

④泰：驕慢。

【譯文】

孔子說：「用麻布製作禮帽，這是合乎禮的。如今用絲代替，是為了節儉，我同意大家這樣做。臣見君時，先在堂下跪拜，這是合乎禮的。如今大家直接升堂行跪拜禮，這是一種傲慢的表現。雖然違背大家的做法，但我仍然要遵從古禮，在堂下跪拜。」

【原文】

子絕①四：毋意②，毋必，毋固，毋我。

【注釋】

①絕：絕對沒有。

②意：同「臆」，臆測。

【譯文】

孔子絕對沒有四種毛病：不憑空揣測，不事先作肯定判斷，不固執己見，不自以為是。

【原文】

子畏於匡①，曰：「文王既沒，文不在茲乎？天之將喪斯文也，後死者②不得與於斯文也；天之未喪斯文也，匡人其如予何？」

孔子聖蹟圖・匡人解圍

【注釋】

①畏：被圍困。匡：地名。公元前496年，孔子離開衛國前往陳國，途經匡地。匡人曾受到魯國陽虎的掠殺，孔子容貌與陽虎相像，匡人誤以為孔子就是陽虎，所以將其圍困。

②後死者：孔子自謂。

【譯文】

孔子在匡地被圍困，他說：「周文王死了以後，周代的禮樂文化不都在我這裡嗎？上天要消滅這種文化，那我就不可能掌握這種文化了。上天不想消滅這種文化，那麼匡人又能拿我怎麼樣？」

【原文】

太宰①問於子貢曰：「夫子聖者與？何其多能也？」子貢曰：「固天縱之將聖②，又多能也。」子聞之，曰：「太宰知我乎？吾少也賤，故多能鄙事③。君子多乎哉，不多也。」

【注釋】

①太宰：官職名，掌管宮廷事務，具體指何人已不可考。

②縱：賦予。將：大。

③鄙事：普通老百姓所從事的事。

【譯文】

太宰問子貢道：「孔夫子是位聖人吧？為什麼他又那樣多才多藝呢？」子貢說：「是上天賦予他大聖之德，又使他多才多藝。」孔子聽到後，說：「太宰怎會瞭解我啊？我小時候生活貧窮，所以學會了很多卑賤的技藝。一個君子會學這麼多技藝嗎？不會的。」

【原文】

牢[①]曰：「子云：『吾不試[②]，故藝。』」

【注釋】

①牢：孔子弟子，姓琴，名牢，字子開，一字子張。因《史記・仲尼弟子列傳》中不見其記載，或以為不是孔子弟子。

②試：用。

【譯文】

牢說：「孔子說過：『我因為沒有被國家任用，所以學會了不少技藝。』」

【原文】

子曰：「吾有知乎哉？無知也。有鄙夫問於我，空空如也，我叩[①]其兩端而竭焉。」

【注釋】

①叩：詢問。

【譯文】

孔子說：「我有知識嗎？沒有啊。有一個鄉下人向我提問，我對他的問題一無所知，我就從問題的本末兩端向他詢問，直至把問題全部搞清楚。」

【原文】

子曰：「鳳鳥不至①，河不出圖②，吾已矣夫。」

【注釋】

①鳳鳥：即鳳凰，古代傳說中的神鳥，常作為聖王受命的瑞兆，相傳舜和周文王時代都出現過鳳凰。

②河不出圖：傳說在上古伏羲氏時代，黃河中有龍馬背負八卦圖而出，這象徵著聖王將出世。

【譯文】

孔子說：「鳳鳥不來，黃河中也不出現八卦圖了，我的一生沒有希望了。」

【原文】

子見齊衰①者、冕衣裳者與瞽者②，見之，雖少，必作③；過之，必趨④。

【注釋】

①齊衰：用粗麻布製成的喪服。

②冕：禮帽。衣：上衣。裳：下衣。冕衣裳者：穿戴禮服的貴族，代指做官的。瞽者：盲人。

③作：從位子上站起來，表示敬意。

④趨：快步走，表示敬意。

【譯文】

孔子看見穿喪服的人，穿禮服戴禮帽的貴族和盲人時，即使他們比自己年少，也必定站起來；走過這些人面前時，也必定快步走。

【原文】

顏淵喟然①嘆曰：「仰之彌②高，鑽之彌堅。瞻之在前，忽焉在後。夫子循循然③善誘人，博我以文，約我以禮，欲罷不能。既竭吾才，如有所立卓爾④，雖欲從之，末由⑤也已。」

【注釋】

①喟然：嘆息的樣子。
②彌：更加。
③循循然：有順序的樣子。
④卓爾：直立高峻的樣子。
⑤末由：不知道從什麼地方的意思。這裡是說，學習越深入，進步就越難。

【譯文】

顏淵感嘆道：「老師的學問和道德，抬頭仰望，越覺得高，越用力鑽研，越覺得深。望過去好像在前面，忽然間又在後面。老師善於有步驟地引導我，用各種文獻來豐富我的知識，用禮節來約束我的行為，使我想停止學習都不可能。我已經竭盡了我的才力，但似乎這學識仍高高地聳立在我面前，到了這地步，雖然想再進一步，却不知道該怎麼辦了。」

【原文】

子疾病，子路使門人為臣①。病間②，曰：「久矣哉，由之行詐也！無臣而為有臣。吾誰欺？欺天乎？且予與其死於臣之手也，無寧死於二三子之手乎！且予縱不得大葬，予死於道路乎？」

孔子聖蹟圖・望吳門馬

【注釋】

①臣：家臣。孔子當時已經去職，沒有家臣。子路為了尊敬孔子，讓他的門人充當家臣，負責料理喪事。孔子認為此為欺騙，所以在下文責備了子路。

②病間：病情稍愈。

【譯文】

孔子病重，子路讓孔子的弟子以家臣的身分，預備料理喪事。後來孔子的病稍癒，說：「仲由幹這種弄虛作假的事很久了吧！我沒有家臣，卻硬要裝作有家臣。我欺騙誰呢？欺騙天嗎？而且我與其在家臣的照料下死去，寧可在你們這些學生的照料下死去，這不是更好些嗎？況且我縱使不能用卿大夫的盛大葬禮，難道我會死在路上沒人葬嗎？」

【原文】

子貢曰：「有美玉於斯，韞櫝而藏諸[1]？求善賈而沽諸[2]？」子曰：「沽之哉！沽之哉！我待賈者也。」

【注釋】

①韞（音運）：收藏。櫝（音讀）：木匣。

②賈：商人。沽：賣。

【譯文】

子貢問道：「如果這裡有塊美玉，是把它放在匣中收藏起來，還是找個識貨的商人賣了它？」孔子說：「賣掉它啊！賣掉它啊！我正等待識貨的人。」

【原文】

子欲居九夷[①]。或曰：「陋，如之何？」子曰：「君子居之，何陋之有？」

【注釋】

①九夷：指東方少數民族居住的地方。

【譯文】

孔子想搬到九夷的地方去居住。有人說：「那裡太落後，如何能住呢？」孔子說：「有君子去住了，怎麼還會落後呢？」

【原文】

子曰：「吾自衛反魯[①]，然後樂正，《雅》《頌》[②]各得其所。」

【注釋】

①反：返。自衛反魯：孔子周遊各國，於魯哀公十一年返回魯國。

②《雅》《頌》：指《雅》樂和《頌》樂。

【譯文】

孔子說：「我從衛國回到魯國後，對樂曲作了整理修訂，使《雅》《頌》兩類詩各有了適當的位置。」

孔子聖蹟圖・在川觀水

【原文】

子曰：「出則事公卿，入則事父兄，喪事不敢不勉，不為酒困，何有於我哉？」

【譯文】

孔子說：「在外事奉公卿，在家事奉父母，對喪事不敢不盡心儘力地去辦，不被酒所困，這些對於我來說有什麼困難呢？」

【原文】

子在川上曰：「逝者如斯夫！不舍晝夜。」

【譯文】

孔子在河邊說：「流逝的時光就像這河水啊！日夜不停地流去！」

【原文】

子曰：「吾未見好德如好色者也。」

【譯文】

孔子說：「我沒有見過喜好道德如同喜好美色一般的人。」

【原文】

子曰：「譬如為山，未成一簣[1]，止，吾止也；譬如平地，雖覆一簣，進，吾往也。」

【注釋】

①簣（音愧）：盛土的竹筐。

【譯文】

孔子說：「好比用積土堆山，只差一筐土就能堆成了，這時停下來，那是我自己要停止的；又好比在平地堆山，即使剛倒上一筐土，但如此繼續下去，那是我自己在往前努力。」

【原文】

子曰：「語之而不惰者，其回也與！」

【注釋】

孔子說：「我告訴他道理，他能照我說的去做而從不懈怠的人，大概只有顏回一人吧。」

【原文】

子謂顏淵，曰：「惜乎！吾見其進也，未見其止也。」

【注釋】

孔子談到顏淵時，說道：「可惜他死了啊！我只看見他不斷進步，沒見他停下來過。」

【原文】

子曰：「苗而不秀[①]者有矣夫！秀而不實者有矣夫！」

【注釋】

①秀：稻、麥等莊稼吐穗揚花叫作秀。

【譯文】

孔子說：「莊稼有出苗而不吐穗揚花的吧！莊稼有吐穗揚花而不結果實的吧！」

【原文】

子曰：「後生可畏，焉知來者之不如今也？四十、五十而無聞焉，斯亦不足畏也已。」

【譯文】

孔子說：「年輕人是值得敬畏的，怎麼知道他們的將來不如今天的人呢？一個人到了四五十歲還默默無聞，那他也不值得敬畏了。」

【原文】

子曰：「法語[①]之言，能無從乎？改之為貴。巽與[②]之言，能無說乎，繹[③]之為貴。說而不繹，從而不改，吾末如之何也已矣。」

【注釋】

①法語：指禮法正道。

②巽：恭順。與：讚許。

③繹：這裡指推究、分析。

孔子聖蹟圖・步游洙泗

【譯文】

孔子說：「別人符合禮法的正言規勸，能不聽從嗎？但聽後改正錯誤才是可貴的。別人謙恭讚許的話，聽了能不高興嗎？但聽後認真分析才是可貴的。高興而不分析，聽從而不改正，這種人我對他實在是沒辦法了。」

【原文】

子曰：「主忠信，毋友不如己者，過則勿憚改。」

【注釋】

本章內容與《學而篇第一》第八章相重，見前註譯。

【原文】

子曰：「三軍可奪帥也，匹夫[1]不可奪志也。」

【注釋】

①匹夫：平民中的男子。

【譯文】

孔子說：「一國軍隊，可以奪去他們的主帥，但一個男子漢，他的志向是不能被強迫改變的。」

【原文】

子曰：「衣敝縕袍[1]，與衣狐貉[2]者立，而不恥者，其由也與？『不忮不求，何用不臧？[3]』」子路終身誦之。子曰：「是道也，何足以臧？」

【注釋】

①衣：穿。敝縕袍：破舊的絲棉袍。

②狐貉：指用狐貉皮製成的皮袍。

③不忮不求，何用不臧：出自《詩經・邶風・雄雉》。忮：嫉妒。求：貪求。臧：好。

【譯文】

孔子說：「穿著破舊的棉襖與穿著狐貉皮襖的人站在一起，而不感到慚愧的人，大概只有仲由吧。《詩經》上說：『不嫉妒，不貪求，做什麼還會不好？』」子路聽到後，總是得意地背誦這兩句詩。孔子說：「僅做到這點，哪裡就算是很好了呢？」

【原文】

子曰：「歲寒，然後知松柏之後雕[1]也。」

【注釋】

①雕：通「凋」。

【譯文】

孔子說：「到了天氣嚴寒時，才知道松柏是最後凋落的。」

【原文】

子曰：「知者不惑，仁者不憂，勇者不懼。」

【譯文】

孔子說：「聰明的人不會迷惑，仁德的人不會憂愁，勇敢的人不會畏懼。」

【原文】

子曰：「可與共學，未可與適道[1]；可與適道，未可與立[2]；可與立，未可與權[3]。」

【注釋】

①適道：到達大道。

②立：堅持道不變。

③權：權衡輕重而變通。

【譯文】

孔子說：「可共同學習的人，未必能共同走向道；可共同走向道的人，未必能夠做到堅定不變；能夠做到堅定不變的人，未必能共同通權達變。」

【原文】

「唐棣之華[1]，偏其反而[2]，豈不爾思？室是遠而。」子曰：「未之思也，夫何遠之有？」

【注釋】

①唐棣：一種落葉灌木，屬薔薇科，又稱常棣、棠棣，古時常以其比作兄弟。

②偏其反而：花朵擺動的樣子。偏：通「翩」。

孔子聖蹟圖・骨辨防風

【譯文】

古代有這樣幾句詩：「唐棣樹的花，翩翩地搖擺著，難道我不思念你嗎？只是你住得太遠了。」孔子說：「他還是沒有真的思念，要真思念，那還有什麼遙遠的呢？」

鄉黨篇第十

【原文】

孔子於鄉黨，恂恂①如也，似不能言者；其在宗廟朝廷，便便②言，唯謹爾。

【注釋】

①恂恂：溫和恭順的樣子。

②便便：語言曉暢。

【譯文】

孔子在本鄉里顯得很恭順，好像不善言辭一樣；但他在宗廟和朝廷上的時候，却說話明白流暢，只是比較謹慎而已。

【原文】

朝，與下大夫①言，侃侃②如也；與上大夫言，誾誾③如也。君在，踧踖④如也，與與⑤如也。

【注釋】

①下大夫：職官名，卿以下的大夫。卿即上大夫。
②侃侃：不卑不亢，溫和快樂的樣子。
③誾誾（音銀）：恭敬正直，和顏悅色的樣子。
④踧踖（音促局）：恭敬而不安的樣子。
⑤與與：小心謹慎，儀容合度的樣子。

【譯文】

孔子上朝時，在國君到來之前，和同級的下大夫說話，顯得溫和而快樂；和上大夫說話，顯得恭敬而正直。國君來了，孔子則顯得恭敬不安，而儀容合度。

【原文】

君召使擯①，色勃②如也，足躩③如也。揖所與立，左右手，衣前後，襜④如也。趨進，翼如也；賓退，必復命曰：「賓不顧矣。」

【注釋】

①擯：同「儐」，接待賓客。
②色勃：臉色變得莊重。
③躩（音決）：快步走。
④襜：整齊的樣子。

孔子聖蹟圖・子西沮封

【譯文】

君主召孔子接待賓客，孔子的臉色立刻莊重起來，行走時步履疾速。他向站在一起的人作揖，向左拱拱手，向右拱拱手，禮服前後擺動，却整齊不亂。他快步向前走時，姿態猶如鳥兒展翅一樣。賓客辭別後，他必定回報國君說：「客人已經走遠了。」

【原文】

入公門，鞠躬如[1]也，如不容。

立不中門，行不履閾[2]。

過位，色勃如也，足躩如也，其言似不足者。

攝齊[3]升堂，鞠躬如也，屏氣似不息者。

出，降一等[4]，逞[5]顏色，怡怡如也。

沒階[6]，趨進，翼如也。

復其位，踧踖如也。

【注釋】

①鞠躬如：恭敬謹慎的樣子。
②閾（音玉）：門檻。
③攝齊：提起衣服的下襬，使衣服離開地面，以免被絆倒而失禮。
④等：台階的層級。
⑤逞：舒展。
⑥沒階：走完了台階。

【譯文】

孔子走進朝廷大門，神態恭敬謹慎，好像沒他的容身之地一樣。

他不敢站在門中間，行走時不敢踩門檻。

經過國君的座位，他的臉色立即莊重起來，腳步也快起來，說話聲音低微，好像氣力不足的樣子。

他提起衣服下襬走向朝堂，神態恭敬謹慎，憋住氣好像不呼吸一樣。

退出後，走下一級台階，臉色便舒展開來，彷彿怡然自得的樣子。

走完台階，就快步前進，姿態像鳥兒展翅一樣。

回到堂下自己的座位上，又顯出恭敬不安的樣子。

【原文】

執圭①，鞠躬如也，如不勝②。上如揖，下如授。勃如戰色③，足蹜蹜④，如有循。

享禮⑤，有容色。

私覿⑥，愉愉如也。

【注釋】

①圭：一種上圓下方的玉器，舉行典禮時，不同身分的人拿著不同的圭。出使鄰國時，大夫拿著圭以示君命。
②勝：負擔，承受。
③戰色：戰戰兢兢的樣子。
④蹜蹜（音促）：腳步小而頻促的樣子。

⑤享禮：指使臣向主人進獻禮物的儀式。
⑥覿（音迪）：相見。

【譯文】

孔子出使鄰國，手中拿著圭，恭敬謹慎，好像舉不起來的樣子。他舉圭向上時好像在作揖，向下放時好像在給人遞東西。他臉色莊重，戰戰兢兢，腳步細密，好像沿著一條直線往前走。

在呈獻禮物的儀式上，他容光煥發。

和國君私下相見時，他顯得輕鬆愉快。

【原文】

君子不以紺緅飾①，紅紫不以為褻服②。

當暑，袗絺綌③，必表而出之。

緇④衣，羔裘⑤；素衣，麑裘⑥；黃衣，狐裘。

褻裘長，短右袂⑦。

必有寢衣⑧，長一身有半。

狐貉之厚以居⑨。

去喪，無所不佩。

非帷裳⑩，必殺⑪之。

羔裘玄冠⑫，不以吊。

吉月⑬，必朝服而朝。

【注釋】

①紺：深青中帶紅的顏色，通常稱天青色。緅（音周）：黑中帶紅的顏色，通常稱紅青色。飾：鑲邊。
②紅紫：當時貴重的顏色。褻服：平時在家穿的衣服。
③袗：單衣。絺（音吃）：細葛布。綌（音夕）：粗葛布。
④緇（音姿）：黑色上衣。古代的皮衣毛向外，所以外面需加罩衣，且顏色應該與皮衣毛色相同，這裡的緇衣、素衣、黃衣指的都是罩衣。
⑤羔裘：黑羊羔皮袍。

⑥麑裘：白色小鹿皮袍。
⑦右袂：右邊的袖子。為了做事時方便，右袖會做短些。
⑧寢衣：即被子。
⑨居：坐。
⑩帷裳：上朝和祭祀時穿的禮服，用整幅布製成，不加裁剪，多餘的打成褶子。
⑪殺：裁剪，截去。
⑫玄冠：黑色禮帽。羔裘玄冠都是吉服，故不能穿去弔喪。
⑬吉月：每月初一。一說正月初一。

孔子聖蹟圖・敬入公門

【譯文】

君子不用天青色和紅青色的布做衣服的鑲邊，不用紅色和紫色的布做平時在家裡穿的衣服。

夏天時，穿細葛布或粗葛布做的單衣，如果出門，則一定要套上外衣。

黑色的罩衣配黑羊羔皮袍，白色的罩衣配白色小鹿皮袍，黃色的罩衣配狐皮袍。

平時在家裡穿的皮袍做得長一些，右邊的袖子做得短些。

睡覺一定要蓋被子，長度為身長再過半。

用狐貉的厚毛皮做坐墊。

喪期服滿後，什麼飾物都可以佩帶在身上。

如果不是做上朝或祭祀時穿的禮服，一定要裁去多餘的部分。

弔喪的時候不穿黑羊羔皮袍，不戴黑色禮帽。

每月初一，一定要穿著朝服去朝拜君主。

【原文】

齊①，必有明衣②，布。

齊必變食③，居必遷坐④。

【注釋】

①齊：同「齋」。下同。

②明衣：齋戒前沐浴後穿的浴衣。

③變食：改變平常的飲食，指不飲酒，不吃葱、蒜等有刺激味的東西。

④居必遷坐：改變臥室，指從內室遷到外室居住，不和妻妾同房。

【譯文】

齋戒沐浴後，一定要穿浴衣，要用布做的。

齋戒時，一定要改變平常的飲食，一定要改變居住的臥室。

【原文】

食不厭精，膾不厭細①。

食饐而餲②，魚餒而肉敗③，不食。色惡，不食。臭④惡，不食。失飪，不食。不時⑤，不食。割不正，不食。不得其醬，不食。

肉雖多，不使勝食氣⑥。惟酒無量，不及亂⑦。

沽酒市脯，不食。

不撤薑食，不多食。

【注釋】

①膾：細切的魚、肉。

②饐（音益）：食物經久而發臭。餲（音艾）：食物經久而變味。

③餒：魚腐爛。敗：肉腐爛。

④臭：氣味。

⑤不時：不應時，指五穀不成，水果未熟，這些東西吃了容易傷身體，所以說「不食」。

⑥食氣：食料，主食。氣：同「餼」。

⑦亂：神志昏亂，指酒醉。

【譯文】

糧食不嫌舂得細，肉不嫌切得細。

糧食日久變味了，魚和肉日久腐臭了，不吃。食物顏色變色難看了，不吃。食物氣味變得難聞了，不吃。烹調不當，不吃。不應時的食物，不吃。肉切割得不方正，不吃。調味的醬醋放得不合適，不吃。

席上的肉品雖然多，但吃肉的量不能超過主食。只有酒不限量，但不能喝醉。

買來的酒和肉不吃。

飯後不撤薑，但也不能多吃。

【原文】

祭於公，不宿肉①。祭肉②不出三日。出三日，不食之矣。

【注釋】

①不宿肉：古代國君祭祀，大夫或士有助祭之禮，祭祀結束後，國君把祭肉賜助祭之臣。這些肉已經在祭禮上放置數日，不再新鮮，因此不可再存放一夜。也有說是為了不留神惠。

②祭肉：家祭時用過的肉。

孔子聖蹟圖・貴黍賤桃

【譯文】

參加國君舉行的祭祀典禮，所得的祭肉不能再存放一夜。家祭用過的肉存放不要超過三天。超過三天，就不能吃了。

【原文】

食不語，寢不言。

【譯文】

吃飯的時候不交談，睡覺的時候不說話。

【原文】

雖疏食菜羹，必祭①，必齊②如也。

【注釋】

①必祭：有的版本作「瓜祭」，疑誤。古人吃飯時，將所吃的食物各拿出一點，放於食器之間，以祭最初發明飲食的人，表示不忘本。

②齊：同「齋」，嚴肅恭敬的樣子。

【譯文】

雖然吃的是粗米飯和蔬菜湯，也要各拿出一點在飯前行祭禮，而且一定要像齋戒那樣誠心恭敬。

【原文】

席不正，不坐。

【譯文】

蓆子鋪得不正，不坐。

【原文】

鄉人飲酒①，杖者②出，斯出矣。

【注釋】

①鄉人飲酒：古代鄉飲酒禮。
②杖者：拄枴杖的人，指老者。

【譯文】

舉行鄉飲酒禮後，等老人出去後，自己才出去。

【原文】

鄉人儺①，朝服而立於阼階②。

【注釋】

①儺（音挪）：古代一種迎神驅逐疫鬼的儀式。
②阼（音作）階：東階，是主人站立的地方。

【譯文】

鄉人舉行驅逐疫鬼的儀式，便穿著朝服站在東邊的台階上。

【原文】

問[1]人於他邦，再拜[2]而送之。

【注釋】

①問：問候。

②再拜：古代一種禮節，手據地，俯首但不至於手，這樣拜兩次。

【譯文】

託人向在其他國家的朋友問候，要向受託的人拜兩次送別。

【原文】

康子饋藥，拜而受之。曰：「丘未達[1]，不敢嘗。」

【注釋】

①達：通曉，明白。

【譯文】

季康子送藥給孔子，孔子拜謝後接受了。說：「我對這藥的藥性不瞭解，不敢嘗。」

【原文】

廄[1]焚。子退朝，曰：「傷人乎？」不問馬。

【注釋】

①廄：馬棚。

【譯文】

孔子家的馬棚失火了，孔子從朝廷回來，問：「有人受傷了嗎？」沒有問到馬。

【原文】

君賜食，必正席先嘗之。君賜腥①，必熟而荐②之。君賜生，必畜之。

侍食於君，君祭，先飯。

【注釋】

①腥：生肉。

②荐：指向祖先供奉。

【譯文】

國君賜給熟食，必定擺正了席位先嘗一嘗。國君賜給生肉，必定煮熟了先向祖先上供。國君賜給活物，必定蓄養起來。

同國君一道吃飯，在國君行飯前祭禮時，替國君先嘗飯食。

【原文】

疾，君視之，東首①，加朝服②，拖紳③。

【注釋】

①東首：頭朝東躺著，表示正面對著國君。

②加朝服：把上朝的衣服披在身上。孔子病臥在床，君主來看他，他無法穿起朝服迎接，為了不失禮，故如此。

③紳：古代士大夫束在腰間的大帶。

【譯文】

孔子生病，國君來探望他，他頭朝東面，把朝服披在身上，拖著大帶。

【原文】

君命召，不俟駕行矣。

【注釋】

國君召見，孔子不等車馬備好，就先步行前往。

【原文】

入太廟，每事問。

【注釋】

本章內容與《八佾篇第三》相重，見前註譯。

【原文】

朋友死，無所歸，曰：「於我殯[1]。」

【注釋】

①殯：停放靈柩和埋葬都可以叫作殯，這裡泛指喪葬事務。

【譯文】

朋友死了，沒有人負責喪葬，孔子說：「喪事由我來辦吧。」

【原文】

朋友之饋，雖車馬，非祭肉，不拜。

【譯文】

朋友的餽贈，即使是車馬，但只要不是祭肉，孔子在接受時便不行拜禮。

【原文】

寢不尸，居不客[1]。

【注釋】

①居：居家。客：也有版本作「容」。

【譯文】

睡覺時不像死屍那樣直挺挺地，平時在家不用像作客或待客那樣恭敬。

【原文】

見齊衰[①]者，雖狎[②]，必變。見冕者與瞽者，雖褻[③]，必以貌。

凶服者式之[④]。式負版者[⑤]。

有盛饌，必變色而作[⑥]。

迅雷風烈必變。

【注釋】

①齊衰：喪服名，五服之一。

②狎：親近。

③褻：常見，熟悉。

④凶服：喪服。式：通「軾」，車前橫木，可讓乘者憑扶。這裡作動詞，指將身子向前微俯，手放在橫木上，以示尊敬或同情，這在當時是一種禮節。

⑤負版者：背負國家圖籍的人。當時沒有紙張，用木版來書寫，故稱「版」。

⑥作：站起來。

【譯文】

看見穿喪服的人，即使關係很親密，也一定要改變神情以示哀悼。看見戴禮帽的人和盲人，即使常常相見，也一定要顯得很禮貌。

乘車時遇見穿喪服的人，一定要俯身表示同情。遇見背負國家圖籍的人，也要這樣以示尊敬。

作客時，遇有豐盛的筵席，一定要改變神色起身致謝。

遇見迅雷大風，一定要改變神色，以示對上天的敬畏。

【原文】

升車，必正立，執綏[1]。

車中，不內顧，不疾言，不親指。

【注釋】

①綏：上車時扶手用的索帶。

【譯文】

上車時，一定要先端正地站好，再握著車上的扶手帶登車。

在車上，不回頭看，不急著說話，不用手指指點點。

孔子聖蹟圖・山梁雌雉

【原文】

色斯舉矣[1]，翔而後集[2]。曰：「山梁雌雉，時哉！時哉！」子路共[3]之，三嗅而作[4]。

【注釋】

①色：臉色。舉：鳥兒飛起。

②集：鳥棲止在樹上。

③共：同「拱」。
④嗅：同「狊」，鳥張開双翅。

【譯文】

孔子和子路在山谷行走，看見幾隻野雞。孔子臉色稍變，野雞便高高飛起，盤旋了一陣，然後停在樹上。孔子說：「這些山樑上的母野雞，識時宜啊！識時宜啊！」子路向它們拱拱手，它們拍打著翅膀又飛走了。

先進篇第十一

【原文】

子曰：「先進於禮樂①，野人②也；後進於禮樂，君子③也。如用之，則吾從先進。」

【注釋】

①先進於禮樂：指先學習禮樂而後做官的人。下文「後進於禮樂」則指先做官然後再學禮樂的人。或以為「先進」、「後進」指前輩、後輩。
②野人：在野沒有爵祿的士人。
③君子：這裡指承父兄庇蔭的卿大夫子弟。

【譯文】

孔子說：「先學習禮樂而後做官的人，是一般的士人；先做官然後再學習禮樂的人，是卿大夫的子弟。如果我選用人才，那麼我選先學習禮樂的人。」

【原文】

子曰：「從我於陳、蔡①者，皆不及門②也。」

【注釋】

①陳、蔡：指陳國和蔡國。公元前489年，孔子和他的學生曾被困於陳、蔡之間，絕糧七天，許多學生都餓得走不動路。當時跟隨他的學生有子路、子貢、顏淵等。

②不及門：不在門下。孔子返回魯國後，顏淵去世，子路、子貢先後出仕，原來在陳、蔡一起受難的弟子，死的死，做官的做官，回家的回家，都離開他了。

孔子聖蹟圖・子貢辭行

【譯文】

孔子說：「當年跟隨我在陳、蔡兩國間受困的學生，如今都不在我這裡了。」

【原文】

德行：顏淵、閔子騫、冉伯牛、仲弓。言語：宰我、子貢。政事：冉有、季路。文學：子游、子夏。

【譯文】

孔子弟子中德行突出的有：顏淵、閔子騫、冉伯牛、仲弓。擅長言辭表達的有：宰我、子貢。善於處理政事的有：冉有、季路。通曉古代文獻的有：子游、子夏。

【原文】

子曰：「回也，非助我者也，於吾言無所不說。」

【譯文】

孔子說：「顏回啊，他不是一個對我有幫助的人，他對於我說的話沒有不心悅誠服的。」

【原文】

子曰：「孝哉！閔子騫，人不間①於其父母昆弟之言。」

【注釋】

①間：批評，挑剔。

【譯文】

孔子說：「閔子騫真是孝順啊！人們對於他父母兄弟稱讚他的話都沒有什麼異議。」

【原文】

南容三復白圭①，孔子以其兄之子妻之。

【注釋】

①白圭：這裡指《詩經・大雅・抑》中關於白圭的詩句：「白圭之玷，尚可磨也。斯言之玷，不可為也。」意思是說白圭上的污點還可以磨掉，但言語中的錯誤就無法挽回了。這是告誡人們要謹慎自己的言語。

【譯文】

南容反覆吟誦《詩經》中關於白圭的那幾句詩，孔子把自己的侄女嫁給了他。

【原文】

季康子問：「弟子孰為好學？」孔子對曰：「有顏回者好學，不幸短命死矣，今也則亡。」

【譯文】

季康子問孔子：「你的弟子中誰最好學？」孔子回答說：「有一個叫顏回的最好學，不幸短命死了，現在沒有他那樣的人了。」

【原文】

顏淵死，顏路請子之車以為之槨①。子曰：「才不才，亦各言其子也。鯉②也死，有棺而無槨。吾不徒行以為之槨，以吾從大夫之後③，不可徒行也。」

【注釋】

①顏路：顏回的父親，名無繇，字路，也是孔子的弟子。槨：古代所用棺材，內為棺，外為槨。

②鯉：孔子的兒子，字伯魚，去世時50歲，孔子70歲。

③從大夫之後：孔子曾擔任魯國司寇，是大夫之位，所以有此說。不過當時孔子已去位。

【譯文】

顏淵去世，他的父親顏路請求孔子賣掉車子為顏淵買個外槨。孔子說：「不管有才能還是無才能，說來總是自己的兒子。我的兒子孔鯉死的時候，也只有棺而沒有槨。我不能賣掉車子步行為他置槨，我曾經做過大夫，是不能步行的。」

【原文】

顏淵死。子曰：「噫！天喪予[1]！天喪予！」

【注釋】

①天喪予：顏淵是孔子最為得意的弟子，孔子曾經多次讚揚他，更把他視為自己學說的繼承人，現在顏淵去世，孔子極為悲痛，所以說「天喪予」。

【譯文】

顏淵去世。孔子說：「唉！天要亡我啊！天要亡我啊！」

【原文】

顏淵死，子哭之慟[1]。從者曰：「子慟矣！」曰：「有慟乎？非夫人[2]之為慟而誰為？」

【注釋】

①慟：形容極度悲痛。

②夫：指示代詞。夫人：指顏淵。

【譯文】

顏淵去世，孔子哭得非常悲痛。跟隨孔子的人說：「您過於悲痛了！」孔子說：「是過於悲痛了嗎？我不為這樣的人悲痛，還為誰悲哀呢？」

【原文】

顏淵死，門人欲厚葬之。子曰：「不可。」

門人厚葬之。子曰：「回也視予猶父也，吾不得視猶子也[1]。非我也，夫二三子也。」

【注釋】

① 不得視猶子也：孔子這裡是指不能像安葬自己兒子那樣安葬顏淵。

【譯文】

顏淵去世，孔子的學生想要隆重地安葬他。孔子說：「不可以。」

孔子的學生們最後還是隆重地安葬了顏淵。孔子說：「顏回把我當父親一樣看待，我卻不能把他當兒子一樣看待。這不是我的過錯，是那些學生們所做的呀。」

【原文】

季路問事鬼神。子曰：「未能事人，焉能事鬼？」

曰：「敢問死？」曰：「未知生，焉知死？」

【譯文】

季路問如何事奉鬼神。孔子說：「還不能夠事奉人，怎麼能夠事奉鬼呢？」

季路又問：「我大膽問問死是怎麼回事？」孔子說：「還不懂得生的道理，怎麼能懂得死的道理。」

【原文】

閔子侍側，誾誾如也；子路，行行[①]如也；冉有、子貢，侃侃如也。子樂，「若由也，不得其死然。」

【注釋】

① 行行：剛強的樣子。

【譯文】

閔子騫侍立在孔子身旁，一副和悅恭敬的樣子；子路呢，則是一副剛強的樣子；冉有和子貢，則顯出溫和快樂的樣子。孔子很快樂，但又說：「像仲由啊，怕是不能善終啊。」

【原文】

魯人為長府[1]。閔子騫曰：「仍舊貫[2]，如之何？何必改作？」子曰：「夫人不言，言必有中。」

孔子聖蹟圖・作歌丘陵

【注釋】

①魯人：指魯國執政者。長府：魯國藏財貨的府庫名。

②仍：沿襲。貫：事。

【譯文】

魯國執政者要改修長府。閔子騫說：「照原來的樣子又怎麼樣呢？何必改建呢？」孔子說：「閔子騫這個人不輕易說話，一說話就說到要害上。」

【原文】

子曰：「由之瑟[1]奚為於丘之門？」門人不敬子路。子曰：「由也升堂矣，未入於室也[2]。」

【注釋】

①瑟：古代一種撥弦的樂器，一般有二十五弦，每弦有一柱。孔子並不是不喜歡子路彈瑟，而是不喜歡子路所奏的曲調。

②升堂、入室：比喻學習程度的深淺。堂是正廳，室是內室。

【譯文】

孔子說：「仲由為什麼要到我這裡彈瑟呢？」孔子的學生們因此都不尊敬子路。孔子解釋說：「仲由的學問已經達到了登堂的程度，只是還沒有入室罷了。」

【原文】

子貢問：「師與商孰賢？」子曰：「師也過，商也不及。」曰：「然則師愈與？」子曰：「過猶不及。」

【譯文】

子貢問孔子：「子張和子夏誰更好些？」孔子說：「子張做事有點太過，子夏做事有點跟不上。」子貢問：「這樣說是子張好一些嗎？」孔子說：「過度和跟不上是一樣的。」

孔子聖蹟圖・琴歌盟壇

【原文】

季氏富於周公[①]，而求也為之聚斂而附益[②]之。子曰：「非吾徒也，小子鳴鼓而攻之，可也。」

【注釋】

①周公：有三說，一說周公旦，二說在周朝擔任卿士的周公的後代，三說周朝的公侯。

②附益：增加。

【譯文】

季氏比周公還要富有，而冉求還幫他搜刮錢財增加其財富。孔子說：「冉求不是我的學生，你們這些學生盡可大張旗鼓地去聲討他！」

【原文】

柴也愚[①]，參也魯，師也辟[②]，由也喭[③]。

【注釋】

①柴：孔子弟子，姓高，名柴，字子羔。愚：愚直。

②辟：虛浮，偏激。

③喭（音硯）：剛猛，粗俗。

【譯文】

高柴愚直，曾參魯鈍，子張偏激，仲由剛猛。

【原文】

子曰：「回也其庶[①]乎？屢空。賜不受命[②]，而貨殖[③]焉，億[④]則屢中。」

【注釋】

①庶：庶幾，接近，差不多。

②不受命：古代經商都由官方掌控，這裡的不受命是指不受命於官，自以財貨經商牟利。

③貨殖：經商營利。

④億：臆測，指對市場行情的猜測。

【譯文】

孔子說：「顏回的德行差不多接近完美了吧？可他卻常常極度貧困。子貢未受官方之命自行經商，他對市場行情的猜測，竟常常猜中。」

【原文】

子張問善人[1]之道。子曰：「不踐迹，亦不入於室。」

【注釋】

①善人：指本質善良但沒有經過學習的人。

【譯文】

子張問善人怎麼樣。孔子說：「善人不踩著別人的足迹走，但學問也達不到完美精深的地步。」

【原文】

子曰：「論篤是與[1]，君子者乎？色莊者乎？」

【注釋】

①論：言論。篤：誠懇。與：讚許。

【譯文】

孔子說：「對言論誠懇的人表示讚許，但也要看這種人是真君子還是偽裝成莊重的人。」

【原文】

子路問：「聞斯行諸[1]？」子曰：「有父兄在，如之何其聞斯行之？」

冉有問：「聞斯行諸？」子曰：「聞斯行之。」

公西華曰：「由也問『聞斯行諸』，子曰『有父兄在』；求也問『聞斯行諸』，子曰『聞斯行之』。赤也惑，敢問。」子曰：「求也退，故進之；由也兼人[2]，故退之。」

【注釋】

①諸：「之乎」二字的合音。

②兼人：好勇過人。

【譯文】

子路問：「聽到了就該行動嗎？」孔子說：「有父兄在，怎麼能一聽到就擅自行動呢？」

冉有問：「聽到了就該行動嗎？」孔子說：「聽到了就可以行動起來。」

公西華問：「仲由問『聽到了就該行動嗎』，您說『有父兄在』；冉求問『聽到了就該行動嗎』，您說『聽到了就行動』。我對此有些不明白，大膽來問問您。」孔子說：「冉求做事容易退縮，所以我鼓勵他；仲由好勇過人，所以我讓他慎重。」

【原文】

子畏於匡，顏淵後。子曰：「吾以女為死矣。」曰：「子在，回何敢死？」

【譯文】

孔子在匡地被當地人圍困，顏淵因失散最後才到。孔子說：「我以為你死了呢。」顏淵說：「先生還活著，我怎麼敢死呢？」

【原文】

季子然[1]問：「仲由、冉求可謂大臣與？」子曰：「吾以子為異之問，曾由與求之問。所謂大臣者，以道事君，不可則止。今由與求也，可謂具臣[2]矣。」

曰：「然則從之[3]者與？」子曰：「弒父與君，亦不從也。」

【注釋】

①季子然：季氏的同族人。

②具臣：充數的臣，指普通臣子。

③之：代詞，指季氏，當時冉求和子路都是季氏家臣。

【譯文】

季子然問：「仲由、冉求可以算是大臣嗎？」孔子說：「我以為你問的是別人，問的竟是仲由和冉求。所謂大臣，應該用大道來事奉君主，如果這樣不行，寧可辭職不幹。如今仲由和冉求，只能算是充數的臣子罷了。」

季子然又問：「那麼他們會一切都跟著季氏幹嗎？」孔子說：「弒父弒君的事，他們是不會跟著幹的。」

【原文】

子路使子羔為費宰。子曰：「賊[1]夫人之子。」

子路曰：「有民人焉，有社稷[2]焉，何必讀書，然後為學？」

子曰：「是故惡夫佞者。」

【注釋】

①賊：害。孔子認為子羔本質很好，但未曾學習就讓他做官治民，這是害了他。

②社稷：土地神和穀神。

【譯文】

子路讓子羔做費邑的長官。孔子說：「你這是害人子弟。」

子路說：「那個地方有老百姓，有祭祀土地神和穀神的社，治理百姓和祭祀神靈也是學習，為什麼一定要讀書才算是學習呢？」

孔子說：「所以我討厭那些強詞奪理的人。」

孔子聖蹟圖・四子侍坐

【原文】

子路、曾皙①、冉有、公西華侍坐。

子曰：「以吾一日長乎爾，毋吾以也。居②則曰：『不吾知也！』如或知爾，則何以哉？」

子路率爾③而對曰：「千乘之國，攝乎大國之間，加之以師旅，因之以饑饉，由也為之，比及三年，可使有勇，且知方④也。」

夫子哂⑤之。

「求！爾何如？」

對曰：「方六七十，如五六十，求也為之，比及三年，可使足民。如其禮樂，以俟君子。」

「赤！爾何如？」

對曰：「非曰能之，願學焉。宗廟之事，如會同⑥，端章甫⑦，願為小相⑧焉。」

「點！爾何如？」

鼓瑟希⑨，鏗爾⑩，舍瑟而作，對曰：「異乎三子者之撰⑪。」

子曰：「何傷乎？亦各言其志也。」

曰：「莫春⑫者，春服既成，冠者⑬五六人，童子六七人，浴乎沂⑭，風乎舞雩⑮，詠而歸。」

夫子喟然嘆曰：「吾與點也！」

三子者出，曾皙後。曾皙曰：「夫三子者之言何如？」

子曰：「亦各言其志也已矣。」

曰：「夫子何哂由也？」

曰：「為國以禮，其言不讓，是故哂之。」

「唯⑯求則非邦也與？」

「安見方六七十如五六十而非邦也者？」

「唯赤則非邦也與？」

「宗廟會同，非諸侯而何？赤也為之小，孰能為之大？」

【注釋】

①曾皙：曾參的父親，名點，也是孔子的弟子。

②居：平日，閒居時。

③率爾：急切的樣子。

④方：方向，這裡指道理。

⑤哂（音審）：譏諷地微笑。

⑥會同：諸侯會盟。
⑦端：古代禮服的名稱。章甫：古代禮帽的名稱。
⑧相：祭祀、會盟時司儀贊禮的職務，小相為此職的最低級。
⑨希：同「稀」，指彈瑟的速度放慢，瑟聲逐漸稀疏。
⑩鏗爾：彈瑟結束時的聲音。
⑪撰：具有，這裡指具有的才能。
⑫莫春：即暮春，農曆三月。莫：通「暮」。
⑬冠者：成年人。古代男子二十歲舉行冠禮，表示成年。
⑭沂（音移）：水名，在今山東曲阜南。
⑮舞雩（音余）：魯國祭天求雨的場所，在今曲阜東南。
⑯唯：句首詞，無義。

【譯文】

子路、曾皙、冉有、公西華陪坐在孔子身邊。

孔子說：「我的年紀比你們長一些，但你們不要因此而不敢說話。平時你們閒居時總是說：『沒有人瞭解我呀。』如果有人瞭解並任用你們，你們會怎麼做呢？」

子路急忙地答道：「一個擁有千輛兵車的國家，夾在大國之間，外有別國的侵犯，內有災年饑饉，讓我去治理，只要三年，就可使人民具有勇氣，而且懂得道理。」

孔子嘲諷地笑了笑。

又問：「冉求！你怎麼樣？」

冉求答道：「一個方圓六七十里或五六十里的小國，讓我治理，只要三年，就可使人民富足，至於禮樂方面的事，那只有等賢人君子來教化了。」

孔子又問：「公西華！你怎麼樣？」

公西華答道：「我不敢說我能勝任，但我願意這樣學習。宗廟祭祀或是諸侯會盟，我願意穿戴禮服禮帽，做一個小小的司儀。」

孔子又問：「曾皙！你怎樣？」

曾皙正在彈瑟，這時瑟聲漸漸稀疏，最後鏗的一聲停止了。他放下瑟，站起來答道：「我和他們三人的才志不同。」

孔子說：「這有什麼關係呢？只是各自說說自己的志向罷了。」

曾皙說：「暮春時節，已經穿上了春天的服裝，相約五六個成年人，六七個小孩，在沂水中洗洗，在舞雩台上吹吹風，一路唱著歌走回來。」

孔子長嘆一聲說：「我贊同曾皙的志向啊。」

子路等三人退了出去，曾皙走在最後。他問孔子：「他們三人所說的怎麼樣？」

孔子說：「只是各自說了自己的志向罷了。」

曾皙問：「先生為什麼譏笑仲由呢？」

孔子說：「治理國家要講究禮讓，可他講話一點也不謙虛，所以譏笑他。」

曾皙問：「難道冉求所講的不是國家嗎？」

孔子說：「哪裡見得方圓六七十里或方圓五六十里的地方就不是一個國家呢？」

曾皙問：「公西華所講的不是國家嗎？」

孔子說：「有宗廟祭祀，有與別的國家的會盟，不是國家又是什麼？如果公西華只能做小司儀，那誰還能做大司儀呢？」

顏淵篇第十二

【原文】

顏淵問仁。子曰：「克己復禮為仁。一日克己復禮，天下歸①仁焉。為仁由己，而由人乎哉？」

顏淵曰：「請問其目②？」子曰：「非禮勿視，非禮勿聽，非禮勿言，非禮勿動。」

顏淵曰：「回雖不敏，請事斯語矣。」

【注釋】

①歸：稱許。

②目：條目，綱目。

孔子聖蹟圖・克復傳顏

【譯文】

顏淵問怎麼樣做才是仁。孔子說：「克制自己的私慾，一切照著禮去做，這就是仁。一旦這樣做了，天下人都會稱讚你是個仁人。實行仁德，完全在於自己，難道還在於別人嗎？」

顏淵問：「請問實行仁德的具體條目。」孔子說：「不合禮的不要看，不合禮的不要聽，不合禮的不要說，不合禮的不要做。」

顏淵說：「我雖然不聰明，也一定要按照這話去做。」

【原文】

仲弓問仁。子曰：「出門如見大賓，使民如承大祭。己所不欲，勿施於人。在邦①無怨，在家②無怨。」

仲弓曰：「雍雖不敏，請事斯語矣。」

【注釋】

①邦：諸侯統治的國家。

②家：卿大夫的領地。

【譯文】

仲弓問怎樣才能做到仁。孔子說：「出門辦事就像接待貴賓一樣，役使百姓就像承擔重大祭祀一樣。自己不願意做的事，不要強加給別人。在諸侯國做事沒有怨恨，在卿大夫家做事也沒有怨恨。」

仲弓說：「我雖然不聰明，也一定要按照這話去做。」

【原文】

司馬牛①問仁。子曰：「仁者，其言也訒②。」

曰：「其言也訒，斯謂之仁已乎？」子曰：「為之難，言之得無訒乎？」

【注釋】

①司馬牛：孔子弟子，姓司馬，名耕，字子牛。他多言而躁，所以孔子對他說了下面的話。

②訒（音任）：話難說出口，指說話遲緩謹慎。

【譯文】

司馬牛問怎樣才能做到仁。孔子說：「仁人，說話是慎重的。」

司馬牛問：「說話慎重，這就叫仁了嗎？」孔子說：「實行起來很難，說話怎麼能不慎重呢？」

【原文】

司馬牛問君子。子曰：「君子不憂不懼。」

曰：「不憂不懼，斯謂之君子已乎？」子曰：「內省不疚，夫何憂何懼？」

【譯文】

司馬牛問怎樣才是君子。孔子說：「君子不憂愁，不恐懼。」

司馬牛問：「不憂愁，不恐懼，這就算是君子了嗎？」孔子說：「自我反省，內心無愧，那還有什麼可憂愁恐懼的呢？」

【原文】

司馬牛憂曰：「人皆有兄弟，我獨亡。」子夏曰：「商聞之矣：死生有命，富貴在天。君子敬而無失，與人恭而有禮。四海之內，皆兄弟也。君子何患乎無兄弟也？」

【譯文】

司馬牛憂愁地說：「別人都有兄弟，唯獨我沒有。」子夏說：「我聽說過：死生自有天命，富貴在於天意。君子做事嚴肅認真，不出差錯，對人恭敬而合乎禮，那麼四海之內天下之人都是兄弟。君子何必憂愁沒有兄弟呢？」

【原文】

子張問明。子曰：「浸潤之譖[1]，膚受之愬[2]，不行焉，可謂明也已矣。浸潤之譖，膚受之愬，不行焉，可謂遠也已矣。」

【注釋】

①譖：讒言，誣陷。浸潤之譖：指像水浸灌滋潤慢慢滲透進來的誹謗，意思說這種誹謗不是驟然直接說出，而是慢慢地日積月累而成的，使人不易察覺。

②愬（音素）：誣告。膚受之愬：指像肌膚能感覺到疼痛那樣的誣告，意思是說這種誣告急迫而來，有切膚之感，使人猝不及防，不知所措。

【譯文】

子張問怎樣才算做事明白。孔子說：「像水潤物那樣暗中挑撥，逐漸積累的讒言，像切膚之痛那樣直接的誹謗，在你這裡都行不通，那你可算是做事明白了。像水潤物那樣暗中挑撥，逐漸積累的讒言，像切膚之痛那樣直接的誹謗，在你這裡都行不通，那你可算是看得遠了。」

【原文】

子貢問政。子曰：「足食，足兵①，民信之矣。」

子貢曰：「必不得已而去，於斯三者何先？」曰：「去兵。」

子貢曰：「必不得已而去，於斯二者何先？」曰：「去食。自古皆有死，民無信不立。」

【注釋】

①兵：軍備。

【譯文】

子貢問怎樣治理政事。孔子說：「糧食充足，軍備充實，人民信任政府。」

子貢問：「如果迫不得已要去掉其中一項，這三者中先去掉哪一項呢？」孔子說：「去掉軍備。」

子貢問：「如果迫不得已要再去掉其中一項，兩者中先去掉哪一項呢？」孔子說：「去掉糧食。自古以來人總有一死，但如果人民不信任政府，國家就站立不住了。」

【原文】

棘子成①曰：「君子質而已矣，何以文為？」子貢曰：「惜乎，夫子之說君子也！駟不及舌②。文猶質也，質猶文也。虎豹之鞟③猶犬羊之鞟。」

孔子聖蹟圖・過蒲贊政

【注釋】

①棘子成：衛國大夫。古代大夫都可以被尊稱為夫子，所以子貢這樣稱呼他。

②駟不及舌：指話一說出口，就收不回來了。

③鞟（音擴）：去毛的獸皮。

【譯文】

棘子成說：「君子只要有好的本質就行了，何必要那些表面的文采呢？」子貢說：「真遺憾，先生你這樣談論君子。話一說出口，可就不能收回了呀！文采像本質一樣重要，本質也像文采一樣重要。虎豹皮如果去掉了有花紋的毛，那就和去掉毛的犬羊皮是一個樣了。」

【原文】

哀公問於有若曰：「年飢，用不足，如之何？」

有若對曰：「盍徹①乎？」

曰：「二②，吾猶不足，如之何其徹也？」對曰：「百姓足，君孰與不足？百姓不足，君孰與足？」

【注釋】

①徹：相傳為周代一種賦稅制度，實行十分抽一的稅率。

②二：十分抽二的稅率。

【譯文】

魯哀公問有若說：「年成不好，國家用度不夠，該怎麼辦？」

有若說：「何不實行十分抽一的徹法呢？」

魯哀公說：「十分抽二，我尚且不夠，怎麼還能實行十分抽一的徹法呢？」有若說：「百姓用度夠了，您怎麼會不夠呢？百姓用度不夠，您怎麼會夠呢？」

【原文】

子張問崇德、辨惑。子曰：「主忠信，徙義[1]，崇德也。愛之欲其生，惡之欲其死。既欲其生，又欲其死，是惑也。『誠不以富，亦衹以異[2]。』」

【注釋】

①徙：遷移。徙義：向義遷移，指照著義去做。

②誠不以富，亦衹以異：出自《詩經・小雅・我行其野》。這首詩表現了一個被遺棄的女子對她的丈夫喜新厭舊的憤怒情緒。孔子再次引用這兩句，令人費解。有人認為這兩句應該放在《季氏篇第十六》第十二章「齊景公有馬千駟」前。

【譯文】

子張問如何提高道德修養，辨別迷惑。孔子說：「以忠信為主，儘力做到義，這就能提高道德。愛一個人，就希望他長壽，恨一個人，就希望他快死。既希望他長壽，又希望他快死，這就是迷惑。這就正如《詩經》所說：『即使不嫌貧愛富，也是喜新厭舊。』」

孔子聖蹟圖・晏嬰沮封

【原文】

齊景公[1]問政於孔子。孔子對曰：「君君，臣臣，父父，子子。」公曰：「善哉！信如君不君，臣不臣，父不父，子不子，雖有粟[2]，吾得而食諸？」

【注釋】

①齊景公：春秋齊國國君，名杵臼。魯昭公末年，孔子到齊國，針對齊國當時政治上的混亂情況，說了這段話。

②粟：官俸。

【譯文】

齊景公問孔子如何治理政事。孔子回答說：「國君像個國君，臣子像個臣子，父親像個父親，兒子像個兒子。」齊景公說：「說得好呀！如果國君不像國君，臣子不像臣子，父親不像父親，兒子不像兒子，即使有糧食，我能夠吃得著嗎？」

【原文】

子曰：「片言可以折獄者①，其由也與？」子路無宿諾②。

【注釋】

①片言：單方面的言辭。折獄：斷案。

②宿：停留。宿諾：拖了很久沒有兑現的諾言。

【譯文】

孔子說：「根據單方面的言辭就可以判決案件的，大概只有仲由吧？」子路從來沒有不及時兑現的諾言。

【原文】

子曰：「聽訟，吾猶人也。必也使無訟乎①！」

【注釋】

①必也使無訟：孔子的意思是說，只能審理案件是不夠的，必須使老百姓知禮明法，消除訴訟發生的根源。

【譯文】

孔子說：「審理訴訟案件，我也同別人一樣。但重要的是要使訴訟的事不發生才好啊！」

【原文】

子張問政。子曰：「居之無倦，行之以忠。」

【譯文】

子張問如何治理政事。孔子說：「居於官位不要懈怠，執行政令要表裡如一，忠心不二。」

【原文】

子曰：「博學於文，約之以禮，亦可以弗畔矣夫！」

【譯文】

本章內容與《雍也篇第六》第二十七章相重，見前註譯。

【原文】

子曰：「君子成人之美，不成人之惡。小人反是。」

【譯文】

孔子說：「君子成全別人的好事，不促成別人的壞事。小人則與此相反。」

【原文】

季康子問政於孔子。孔子對曰：「政者，正也。子帥①以正，孰敢不正？」

【注釋】

①帥：率領，帶頭。

【譯文】

季康子問如何處理政事。孔子回答說：「政就是端正的意思。您帶頭走正路，誰還敢不正呢？」

【原文】

季康子患盜，問於孔子。孔子對曰：「苟子之不欲，雖賞之不竊。」

【譯文】

季康子為魯國多盜賊而擔憂，問孔子該怎麼辦。孔子回答說：「假如你不貪圖財利，即使獎勵偷盜，他們也不會去做。」

【原文】

季康子問政於孔子曰：「如殺無道，以就有道，何如？」孔子對曰：「子為政，焉用殺？子欲善而民善矣。君子之德風，小人之德草，草上之風，必偃①。」

【注釋】

①偃：仆，倒。

【譯文】

季康子問孔子如何治理國政，說：「如果殺掉無道的人，親近有道的人，怎麼樣？」孔子回答說：「您治理政事，怎麼能用殺人的方法呢？您願意行善，人民就會跟著行善。在上者的德行就好比是風，百姓的德行就好比是草，風吹草，草必定隨風而倒。」

【原文】

子張問：「士何如斯可謂之達矣？」子曰：「何哉，爾所謂達者？」子張對曰：「在邦必聞，在家必聞。」子曰：「是聞也，非達也。夫達也者，質直而好義，察言而觀色，慮以下人①。在邦必達，在家必達。夫聞也者，色取仁而行違，居之不疑。在邦必聞，在家必聞。」

【注釋】

①下人：處於別人之下。

【譯文】

子張問：「士怎樣可以說是達？」孔子問：「你說的達是什麼意思呢？」子張回答說：「在朝廷做官一定有名望，在卿大夫家任職也一定有名聲。」孔子說：「你說的這叫聞，不叫達。所謂達，應該是品質正直，遵從禮義，善於分析別人的話，善於觀察別人的臉色，待人謙虛退讓。這樣的人，在朝廷做官必定顯達，在卿大夫家任職也必定通達。至於聞，表面上好像愛好仁德，行動上却是另一回事，而自己却以仁人自居，且毫不慚愧。那樣的人，在朝廷做官一定有名望，在卿大夫家任職也會一定有名聲。」

孔子聖蹟圖・舞雩從游

【原文】

樊遲從遊於舞雩之下。曰：「敢問崇德、修慝[1]、辨惑？」子曰：「善哉問！先事後得，非崇德與？攻其惡，毋攻人之惡，非修慝與？一朝之忿，忘其身，以及其親，非惑與？」

【注釋】

①修：治。慝（音特）：隱藏在心底的邪念。修慝：去惡從善。

【譯文】

樊遲陪從孔子在舞雩台下遊覽。他問：「請問怎樣才能提高道德、去惡從善、辨別迷惑？」孔子說：「問得好！先做事，然後再講收穫，這不就是提高道德的方法嗎？批評自己的過錯，不去指責別人的缺點，這不就是去惡從善了嗎？因為一時的憤恨，就忘記自身安危，甚至忘了父母，這不是迷惑嗎？」

【原文】

樊遲問仁。子曰：「愛人。」問知。子曰：「知人。」

樊遲未達。子曰：「舉直措諸枉，能使枉者直。」

樊遲退，見子夏曰：「鄉①也吾見於夫子而問知，子曰：『舉直措諸枉，能使枉者直。』何謂也？」

子夏曰：「富哉言乎！舜有天下，選於眾，舉皋陶②，不仁者遠矣。湯有天下，選於眾，舉伊尹，不仁者遠矣。」

【注釋】

①鄉：同「向」，剛才。

②皋陶：舜時掌管刑罰的大臣。

【譯文】

樊遲問什麼是仁。孔子說：「愛人。」樊遲又問什麼是智。孔子說：「善於識別人。」

樊遲不能明白。孔子說：「推舉正直的人置於邪惡的人之上，能使邪惡的人變得正直。」

樊遲退出後，見到子夏，說：「我剛才見到老師，問他什麼是智，他說：『推舉正直的人置於邪惡的人之上，能使邪惡的人變得正直。』這是什麼意思呢？」

子夏說：「這話的含義真豐富啊！舜擁有了天下，在眾人中選拔人才，選用了皋陶，不仁的人就難以存在了。商湯擁有了天下，在眾人中選拔人才，伊尹被選拔出來，不仁的人就難以存在了。」

【原文】

子貢問友。子曰：「忠告而善道①之，不可則止，毋自辱焉。」

【注釋】

①道：引導。

【譯文】

子貢問怎樣對待朋友。子貢說：「真誠地勸告他，耐心地引導他，他不聽從就罷了，不要自取其辱。」

【原文】

曾子曰：「君子以文會友，以友輔仁。」

【譯文】

曾子說：「君子以文章學問來結交朋友，依靠朋友來促進自己仁德的修養。」

子路篇第十三

【原文】

子路問政，子曰：「先之，勞之。」請益。曰：「無倦。」

【譯文】

子路問怎樣處理政事，孔子說：「自己給老百姓帶頭，然後使老百姓努力勞作。」子路請求孔子再多講一點。孔子說：「永遠不要倦怠。」

【原文】

仲弓為季氏宰，問政。子曰：「先有司，赦小過，舉賢才。」

曰：「焉知賢才而舉之？」曰：「舉爾所知，爾所不知，人其舍諸？」

【譯文】

仲弓做季氏的家宰，問孔子如何治理政事。孔子說：「先使手下負責具體事務的官吏各司其職，對他們的小過錯不加追究，選拔優秀人才。」

仲弓問：「怎樣識別人才而任用他呢？」孔子說：「舉用你所瞭解的人才，那些你不瞭解的人才，別人難道還會埋沒他們嗎？」

【原文】

子路曰：「衛君①待子而為政，子將奚先？」

子曰：「必也正名②乎！」

子路曰：「有是哉？子之迂也！奚其正？」

子曰：「野哉，由也！君子於其所不知，蓋闕如③也。名不正，則言不順；言不順，則事不成；事不成，則禮樂不興；禮樂不興，則刑罰不中；刑罰不中，則民無所措手足。故君子名之必可言也，言之必可行也。君子於其言，無所苟④而已矣。」

【注釋】

①衛君：指衛出公蒯輒。

②正名：辨正名分。

③闕如：存疑不言。

④苟：苟且，馬馬虎虎。

【譯文】

子路說：「如果衛國君主要你去治理國政，您將先做什麼？」

孔子說：「一定是先辨正名分。」

子路說：「您竟然迂腐到這樣啊！何必要正名分呢？」

孔子說：「你太粗野了，仲由。君子對於自己所不懂的事，總是採取存疑的態度。名分不正，說起話來就不順；話不順，事情就辦不成；事情辦不成，禮樂就不能興盛；禮樂不能興盛，刑罰執行就不會得當；刑罰不得當，百姓則無所適從。所以君子定下名分，就一定可以言之有理，言之有理，就一定可以實行。君子對於自己要說的話，是從不馬虎的。」

【原文】

樊遲請學稼[①]。子曰：「吾不如老農。」請學為圃[②]。曰：「吾不如老圃。」

樊遲出。子曰：「小人哉，樊須也！上好禮，則民莫敢不敬；上好義，則民莫敢不服；上好信，則民莫敢不用情[③]。夫如是，則四方之民，襁[④]負其子而至矣，焉用稼？」

【注釋】

①稼：種植五穀。

②圃：種蔬菜。

③用情：以真心實情來對待。

④襁：背嬰兒的寬帶或布兜。

【譯文】

樊遲請求向孔子學習種莊稼。孔子說：「我不如農民。」樊遲又請求學習種蔬菜。孔子說：「我不如菜農。」

樊遲退出。孔子說：「樊遲真是個膚淺的小人啊！在上位的人重視禮節，百姓就沒人敢不尊敬；在上位的人重視義，百姓就沒人敢不服從；在上位的人講究誠信，百姓就沒人敢不誠實。如果做到這樣，四方的老百姓都會背著小孩來投奔，哪裡用得著自己去種莊稼？」

【原文】

子曰：「誦《詩》三百，授之以政，不達；使於四方，不能專對[1]。雖多，亦奚以為？」

【注釋】

① 專對：獨立應對，指在外交場合能夠根據具體情況獨立對答。

【譯文】

孔子說：「熟讀《詩經》三百篇，把政事交給他，却不能辦好事；派他出使外國，却不能獨立應對。那麼就算讀了很多，又有什麼用呢？」

【原文】

子曰：「其身正，不令而行；其身不正，雖令不從。」

【譯文】

孔子說：「自身端正，即使不下達命令，事情也能實行；自身不端正，即使下達了命令，百姓也不會聽從。」

【原文】

子曰：「魯、衛之政，兄弟也。」

【譯文】

孔子說：「魯國和衛國兩國的政事，就像兄弟一樣。」

【原文】

子謂衛公子荊[1]：「善居室。始有，曰：『苟合矣[2]。』少有，曰：『苟完矣。』富有，曰：『苟美矣。』」

孔子聖蹟圖・靈公郊迎

【注釋】

①公子荊：衛國大夫。

②苟：差不多。合：足。

【譯文】

孔子談到衛國的公子荊，說：「他善於處理居家的事。剛略有一些財產，他就說：『差不多夠了。』稍微增加一些，又說：『差不多完備了。』再富足一些，又說：『差不多是完美了。』」

【原文】

子適衛，冉有僕[①]。子曰：「庶[②]矣哉！」

冉有曰：「既庶矣，又何加焉？」曰：「富之。」

曰：「既富矣，又何加焉？」曰：「教之。」

【注釋】

①僕：駕車。

②庶：這裡指人口眾多。

【譯文】

孔子到衛國去，冉有為他駕車。孔子說：「衛國的人口真多啊！」

冉有問：「人口既已很多，還要做什麼呢？」孔子說：「使人民富足。」

冉有又問：「人民富足後再做什麼呢？」孔子說：「對人民進行教育。」

【原文】

子曰：「苟有用我者，期月[1]而已可也，三年有成。」

【注釋】

①期月：一整年。

【譯文】

孔子說：「如果有國君用我治理國政，一年就可初有成效，三年就會很有成就。」

【原文】

子曰：「『善人為邦百年，亦可以勝殘去殺矣。』誠哉，是言也！」

【譯文】

孔子說：「『善人治理國家，百年之後，也就可以遏制殘暴，廢除刑罰殺戮了。』這話說得很對啊！」

【原文】

子曰：「如有王者，必世[1]而後仁。」

【注釋】
①世：三十年為一世。

【譯文】
孔子說：「如果有聖人受命興起為王，也一定需要三十年才能使仁道遍佈天下。」

【譯文】
子曰：「苟正其身矣，於從政乎何有？不能正其身，如正人何？」

【譯文】
孔子說：「如果自身端正了，那麼治理國政還有什麼困難呢？如果自身都不能端正，又如何端正別人呢？」

【原文】
冉子退朝①。子曰：「何晏②也？」對曰：「有政。」子曰：「其事也。如有政，雖不吾以③，吾其與④聞之。」

【注釋】
①冉子退朝：冉有當時任季氏家宰，這裡指退於季氏私朝。
②晏：遲。
③以：用。
④與：參與。

【譯文】
冉有退朝回來。孔子說：「今天為什麼回來得這麼晚啊？」冉有回答說：「有政事。」孔子說：「是季氏的家務吧。如果有政事，雖然國君不用我了，但我還是能知道的。」

【原文】

定公問：「一言而可以興邦，有諸？」

孔子對曰：「言不可以若是其幾[1]也。人之言曰：『為君難，為臣不易。』如知為君之難也，不幾乎一言而興邦乎？」

曰：「一言而喪邦，有諸？」

孔子對曰：「言不可以若是其幾也。人之言曰：『予無樂乎為君，唯其言而莫予違也。』如其善而莫之違也，不亦善乎？如不善而莫之違也，不幾乎一言而喪邦乎？」

【注釋】

①幾：期望。

【譯文】

魯定公問：「一句話就可以使國家興盛，有這說法嗎？」

孔子回答說：「話不能這樣講，不可期望一句話就有這樣大的效果。有人說：『做君主很難，做臣子不容易。』如果知道做君主的難，那不就接近於一句話可使國家興盛了嗎？」

魯定公又問：「一句話可以使國家衰亡，有這說法嗎？」

孔子回答說：「話不能這樣講，不可期望一句話就有這樣大的效果。有人說：『我做國君沒什麼可高興的，我所高興的就在於我所說的話沒有人敢違抗。』如果他的話正確而沒有人違抗，不也很好嗎？如果他的話不正確而沒有人敢違抗，那不就接近於一句話而使國家衰亡了嗎？」

【原文】

葉公問政。子曰：「近者說，遠者來。」

【譯文】

葉公問孔子如何治理政事。孔子說：「使國內的百姓高興，使國外的百姓前來歸附。」

【原文】

子夏為莒父①宰，問政。子曰：「無欲速，無見小利。欲速則不達，見小利則大事不成。」

【注釋】

①莒父：魯國邑名。

孔子聖蹟圖・命賜存魯

【譯文】

子夏任莒父的邑宰，問孔子怎樣治理政事。孔子說：「不要圖快，不要貪小利。一味圖快反而達不到目的，顧及小利則不能成就大事。」

【原文】

葉公語孔子曰：「吾黨有直躬者①，其父攘②羊，而子證③之。」孔子曰：「吾黨之直者異於是。父為子隱，子為父隱，直在其中矣。」

【注釋】

①直躬者：以直道立身的人。
②攘：偷盜。
③證：告發。

【譯文】

葉公對孔子說：「我的家鄉有一個按直道行事的人，他的父親偷了羊，他就出來告發。」孔子說：「我的家鄉行直道的人與此人不同，父親為兒子隱瞞，兒子為父親隱瞞，直道就在其中了。」

【原文】

樊遲問仁。子曰：「居處恭，執事敬，與人忠。雖之夷狄，不可棄也。」

【譯文】

樊遲問怎樣做才是仁。孔子說：「居家時容貌態度端莊，辦事嚴肅認真，待人忠心真誠。即使到了夷狄之地，這些品德也不能丟棄。」

【原文】

子貢問曰：「何如斯可謂之士矣？」子曰：「行己有恥，使於四方，不辱君命，可謂士矣。」

曰：「敢問其次？」曰：「宗族稱孝焉，鄉黨稱弟焉。」

曰：「敢問其次？」曰：「言必信，行必果，硜硜①然小人哉！抑亦可以為次矣。」

曰：「今之從政者何如？」子曰：「噫，斗筲②之人，何足算也！」

【注釋】

① 硜硜（音坑）：敲擊石頭的聲音，這裡指淺陋固執。

②斗筲：氣量狹小之人。斗：古代量名，合十升。筲（音稍）：竹器，容五升，或說容一斗二升。

【譯文】

子貢問道：「怎樣做才能稱為士？」孔子說：「行事有羞恥之心，出使外國，不辜負國君賦予的使命，這樣可以稱作士。」

子貢說：「請問次一等的呢？」孔子說：「宗族中人稱讚他孝順父母，鄉里的人稱讚他尊敬兄長。」

子貢說：「請問再次一等的呢？」孔子說：「說話必定講信用，做事一定堅持到底，這是不問是非曲直只管固執己見的小人呀！不過也可以算是再次一等的士了。」

子貢又問：「現在的執政者怎麼樣？」孔子說：「唉！這些氣量狹小的人，哪裡值得一提呢？」

【原文】

子曰：「不得中行而與之，必也狂狷[①]乎！狂者進取，狷者有所不為也。」

【注釋】

①狂狷：志高激進的人和拘謹自守的人。

【譯文】

孔子說：「不能與言行合乎中庸之道的人進行交往，那就只能與志高激進和拘謹自守的人交往了。志高激進的人積極進取，拘謹自守的人對有些事是不會幹的。」

【原文】

子曰：「南人有言曰：『人而無恒，不可以作巫醫[①]。』

善夫！」

「不恒其德，或承之羞[2]。」子曰：「不占而已矣。」

【注釋】

①巫醫：古代以卜筮等方式行醫的人。

②不恒其德，或承之羞：出自《易經・恒卦》九三爻辭。

【譯文】

孔子說：「南方人有句話說：『人如果沒有恒心，就不能做巫醫。』這話說得很對啊！」

《易經》上說：「人如果不能持久地保持德行，就會招來恥辱。」孔子說：「這句話是說，沒有恒心的人，就用不著去占卦了。」

【原文】

子曰：「君子和而不同，小人同而不和。」

【譯文】

孔子說：「君子行事講究和諧，但不盲目附從。小人行事則盲目附從，却不能和諧。」

【原文】

子貢問曰：「鄉人皆好之，何如？」子曰：「未可也。」

「鄉人皆惡之，何如？」子曰：「未可也。不如鄉人之善者好之，其不善者惡之。」

【譯文】

子貢問道：「一鄉的人都稱讚他，這個人怎麼樣？」孔子說：「不可由此斷定這個人就一定好。」

子貢又問：「一鄉的人都厭惡他，這個人怎麼樣？」孔子說：「不可由此斷定這個人就一定壞。最好是鄉里的好人都稱讚他，鄉里的壞人都厭惡他。」

【原文】

子曰：「君子易事而難說①也。說之不以道，不說也。及其使人也，器之②。小人難事而易說也。說之雖不以道，說也。及其使人也，求備焉。」

【注釋】

①難說：難以博得歡心。說：同「悦」。

②器之：量才而用。

【譯文】

孔子說：「為君子辦事容易，但博得他喜歡却很難。不用正道去博他喜歡，他不會喜歡。而等到他用人的時候，却能量才而用。為小人辦事很難，但博得他喜歡却很容易。即使不用正道去博他喜歡，他也會喜歡。而等到他用人的時候，他則求全責備。」

【原文】

子曰：「君子泰而不驕，小人驕而不泰。」

【譯文】

孔子說：「君子安詳舒泰，却不傲慢驕縱。小人傲慢驕縱，却不安詳舒泰。」

【原文】

子曰：「剛、毅、木、訥，近仁。」

【譯文】

孔子說：「剛強、果敢、質樸、言語謹慎，具備這四種品德的人離仁不遠了。」

【原文】

子路問曰：「何如斯可謂之士矣？」子曰：「切切偲偲[①]，怡怡[②]如也，可謂士矣。朋友切切偲偲，兄弟怡怡。」

【注釋】

①切切偲偲（音思）：相互督促、勉勵，情意誠懇的樣子。

②怡怡：和氣、親切、順從的樣子。

【譯文】

子路問道：「怎樣做才可以稱為士？」孔子說：「互相督促勉勵，相處和氣，就可以稱作士了。朋友之間相互督促勉勵，兄弟之間和睦相處。」

【原文】

子曰：「善人教民七年，亦可以即戎矣[①]。」

【注釋】

①即：就，靠近。戎：兵事。

【譯文】

孔子說：「善人教養人民七年，也就可以叫他們當兵打仗了。」

【原文】

子曰：「以不教民戰，是謂棄之。」

【譯文】

孔子說：「讓沒有受過軍事訓練的人民去作戰，這就等於是拋棄他們了。」

憲問篇第十四

【原文】

憲問恥。子曰：「邦有道，穀[1]。邦無道，穀，恥也。」

「克、伐、怨、欲，不行焉，可以為仁矣？」子曰：「可以為難矣，仁則吾不知也。」

【注釋】

①穀：做官的俸祿。

【譯文】

原憲問什麼是恥辱。孔子說：「國家政治清明，就做官拿俸祿；國家政治黑暗，還做官拿俸祿，這就是恥辱。」

原憲又問：「好勝、自誇、怨恨、貪慾這些缺點都沒有，可以算做到仁了嗎？」孔子說：「能做到這樣是很難得的，至於是否做到了仁，我就不知道了。」

【原文】

子曰：「士而懷居，不足以為士矣。」

【注釋】

孔子說：「士如果只圖安逸，留戀家庭生活，就不配稱為士。」

【原文】

子曰：「邦有道，危言危行[1]；邦無道，危行言孫[2]。」

【注釋】

①危：正直。

②孫：通「遜」，謙遜，卑順。

【譯文】

孔子說：「國家政治清明，便言語正直，行為正直；國家政治黑暗，則行為正直，言語謙遜。」

【原文】

子曰：「有德者必有言，有言者不必有德。仁者必有勇，勇者不必有仁。」

【譯文】

孔子說：「有道德的人一定有出色的言論，有出色言論的人不一定有道德。仁人一定勇敢，勇敢的人不一定有仁德。」

【原文】

南宮適①問於孔子曰：「羿善射、奡盪舟②，俱不得其死然。禹、稷躬稼而有天下③？」夫子不答。

南宮適出，子曰：「君子哉若人！尚德哉若人！」

【注釋】

①南宮適：即孔子弟子南容。

②羿：傳說為夏朝時有窮國的君主，善射，篡夏太康之王位，後被其臣寒浞所殺。非射日之羿。奡（音傲）：傳說是寒浞之子，力氣大，善於水戰，曾在一次水戰中覆滅敵舟，後被夏少康所殺。盪舟：以舟師衝鋒陷陣。

③禹：夏朝開國之君，善於治水，注重發展農業。稷：即后稷，相傳為周朝的始祖，教民種植莊稼。

【譯文】

南宮適問孔子道：「羿善於射箭，奡善於水戰，可他們都不得好死。禹和后稷都親自耕作，却得到了天下。」孔子沒有回答。

南宮適出去後，孔子說：「這個人真是君子啊！這個人真是崇尚道德啊！」

【原文】

子曰：「君子而不仁者有矣夫，未有小人而仁者也。」

【譯文】

孔子說：「君子中沒有仁德的人是有的，但小人中是不會有仁人的。」

【原文】

子曰：「愛之，能勿勞乎？忠焉，能勿誨乎？」

【譯文】

孔子說：「愛他，能不為他操勞嗎？忠於他，能不對他勸告嗎？」

【原文】

子曰：「為命①，裨諶②草創之，世叔③討論之，行人子羽修飾之④，東里⑤子產潤色之。」

【注釋】

①命：與諸侯國交往的外交辭令。
②裨諶：鄭國大夫。
③世叔：即子太叔，名游吉，鄭國大夫，在子產死後繼任為鄭國執政。
④行人：官職名，掌管朝覲聘問等外交事務。子羽：鄭國大夫，名公孫揮，字子羽。
⑤東里：地名，子產居住的地方。

【譯文】

孔子說：「鄭國制定外交辭令，先由裨諶起草，經世叔看後提出意見，外交官子羽再加以修飾，東里子產再作文字上的潤色。」

【原文】

或問子產。子曰：「惠人也。」

問子西[1]。曰：「彼哉[2]！彼哉！」

問管仲。曰：「人也[3]。奪伯氏駢邑三百[4]，飯疏食，沒齒[5]無怨言。」

【注釋】

①子西：鄭國大夫公孫夏，與子產是同宗兄弟。一說是楚國令尹。

②彼哉：古代表示輕蔑的詞，意思是說不值得稱道。

③人也：有多種說法，或說「人」即「仁」，或說「人」之前少一「仁」字，或說「人」之前少一「夫」字。

④伯氏：齊國大夫。駢邑：邑名，伯氏的采邑。

⑤沒齒：終身。

【譯文】

有人問子產是個怎樣的人。孔子說：「是個有恩惠於百姓的人。」

又問到子西。孔子說：「他呀！他呀！」

又問到管仲。孔子說：「他是個仁人啊！他剝奪了伯氏駢邑三百戶的封地，使伯氏只能吃粗劣的飯食，但伯氏至死都沒有怨言。」

【原文】

子曰：「貧而無怨難，富而無驕易。」

【譯文】

孔子說：「貧窮而沒有怨恨是很難做到的，富貴而不驕傲是容易做到的。」

【原文】

子曰：「孟公綽為趙、魏老則優[1]，不可以為滕、薛[2]大夫。」

【注釋】

①孟公綽：魯國大夫，屬於孟孫氏家族。趙、魏：晉卿。老：大夫的家臣。優：有餘。

②滕、薛：滕國和薛國，春秋時期魯國附近的兩個小國。

【譯文】

孔子說：「孟公綽做趙氏、魏氏的家臣，是才力有餘的，但不能做滕國、薛國這樣小國的大夫。」

【原文】

子路問成人①，子曰：「若臧武仲②之知，公綽之不欲，卞莊子③之勇，冉求之藝，文之以禮樂，亦可以為成人矣。」曰：「今之成人者何必然？見利思義，見危授命，久要④不忘平生之言，亦可以為成人矣。」

【注釋】

①成人：完人。

②臧武仲：魯國大夫，姓臧孫，名紇，曾預知齊侯將敗，不接受齊侯給他的封田，因而免受牽累。

③卞莊子：魯國大夫，封地在卞邑，以勇敢著稱。

④要：通「約」，這裡指窮困。

【譯文】

子路問怎樣才是完人。孔子說：「如果具有臧武仲的智慧，孟公綽的克制，卞莊子的勇敢，冉求的才藝，再加上禮樂的文采，也就可以算是個完人了。」孔子又說：「現在的完人哪裡一定要這樣呢？看見利益能想到道義，遇到危難能獻出生命，長期處於窮困還不忘平日的諾言，這也可以說是個完人了。」

【原文】

子問公叔文子於公明賈曰[1]：「信乎？夫子不言，不笑，不取乎？」

公明賈對曰：「以告者過也。夫子時然後言，人不厭其言；樂然後笑，人不厭其笑；義然後取，人不厭其取。」

子曰：「其然？豈其然乎？」

【注釋】

①公叔文子：衛國大夫公孫拔。公明賈：衛國人。

【譯文】

孔子向公明賈問到公叔文子，說：「他老先生不說，不笑，不取於人，是真的嗎？」

公明賈回答說：「這是傳話的人說得過分了。老先生在該說話時說話，所以別人不討厭他的話；老先生在快樂時才笑，所以別人不討厭他的笑；老先生在合乎道義時才有所取，所以別人不討厭他的取。」

孔子說：「是這樣嗎？難道真是這樣嗎？」

【原文】

子曰：「臧武仲以防求為後於魯[1]，雖曰不要[2]君，吾不信也。」

【注釋】

①防：地名，臧武仲的封地，靠近齊國邊境。公元前550年，臧武仲獲罪出逃，不久回到防地，要挾魯襄公立臧氏後代為繼承人，以此作為他退出防地的條件，後逃亡齊國。

②要：要挾。

【譯文】

孔子說：「臧武仲憑藉防地請求國君立臧氏後代為魯國卿大夫，雖然有人說他不是要挾君主，但我是不相信的。」

【原文】

子曰：「晉文公譎而不正①，齊桓公②正而不譎。」

【注釋】

①晉文公：姓姬，名重耳，晉國君主，春秋五霸之一。譎（音抉）：詭詐，指陰謀手段。

②齊桓公：姓姜，名小白，齊國君主，春秋第一位霸主。

【譯文】

孔子說：「晉文公詭詐而不正派，齊桓公正派而不詭詐。」

【原文】

子路曰：「桓公殺公子糾，召忽死之，管仲不死①。」曰：「未仁乎？」子曰：「桓公九合諸侯，不以兵車，管仲之力也。如其仁，如其仁。」

【注釋】

①管仲不死：春秋齊襄公在位時，公子糾和齊桓公同為襄公之弟。襄公無道，鮑叔牙事奉齊桓公逃到莒國，管仲和召忽事奉公子糾逃到魯國。後襄公被殺，齊桓公先回齊國被立為國君，逼魯國殺了公子糾，召忽自殺，管仲歸順齊桓公，並任齊相。

【譯文】

子路說：「齊桓公殺了公子糾，召忽因此自殺，管仲卻沒有自殺。」他接著問：「管仲不算是仁人吧？」孔子說：「齊桓公多次召集諸侯會盟，不用武力，這都是管仲的力量啊。這就是他的仁德，這就是他的仁德。」

【原文】

子貢曰：「管仲非仁者與？桓公殺公子糾，不能從死，又相之。」子曰：「管仲相桓公，霸諸侯，一匡天下，民到於今受其賜。微①管仲，吾其被髮左衽②矣。豈若匹夫匹婦之為諒③也？自經於溝瀆而莫之知也④。」

【注釋】

①微：無，沒有。

②被髮左衽：頭髮披散，衣襟向左掩，這是當時未開化的少數民族的裝束。

③諒：遵守信用，這裡指小信。

④經：自縊。瀆：溝渠。

【譯文】

子貢說：「管仲不是仁人吧？齊桓公殺了公子糾，管仲不但沒有殉主，還任國相輔佐桓公。」孔子說：「管仲輔佐齊桓公，稱霸諸侯，匡正天下，百姓至今還受著他的恩惠。如果沒有管仲，恐怕我們都會是披散著頭髮，衣襟左開的樣子。他難道要像普通老百姓那樣恪守小節，自殺在山溝裡，而誰也不知道嗎？」

【原文】

公叔文子之臣大夫僎①，與文子同升諸公②。子聞之，曰：「可以為『文』矣。」

【注釋】

①臣：家臣。僎：人名，因公叔文子推薦，與公叔文子同任大夫。

②升諸公：指由家臣升為大夫。

【譯文】

公叔文子的家臣僎和文子一同做了衛國的大夫。孔子知道了這件事，說：「他真可用『文』這個謚號了。」

【原文】

子言衛靈公之無道也，康子曰：「夫如是，奚而不喪[1]？」孔子曰：「仲叔圉[2]治賓客，祝治宗廟，王孫賈治軍旅。夫如是，奚其喪？」

【注釋】

①奚而：為何。喪：亡國。

②仲叔圉：衛國大夫孔文子，他和祝、王孫賈都是有才能的人。衛靈公雖然無道，但能任用這三人，故不會敗亡。

【譯文】

孔子談到衛靈公的昏庸無道，季康子說：「既然如此，他的國家為什麼不敗亡呢？」孔子說：「他有仲叔圉管理接待賓客的事，祝管理宗廟祭祀，王孫賈管理軍事，像這樣，怎麼會敗亡呢？」

【原文】

子曰：「其言之不怍[1]，則為之也難。」

【注釋】

①怍：慚愧。

【譯文】

孔子說：「一個人說話如果大言不慚，那他實行起來就很困難了。」

【原文】

陳成子弒簡公[1]。孔子沐浴而朝，告於哀公曰：「陳恒弒其君，請討之。」公曰：「告夫三子[2]。」

孔子曰：「以吾從大夫之後[3]，不敢不告也。君曰『告夫三子』者！」

之三子告，不可。孔子曰：「以吾從大夫之後，不敢不告也。」

【注釋】

①陳成子：即陳恒，齊國大夫，又叫田成子。公元前481年，他殺死齊簡公，奪取政權。簡公：姓姜，名壬，齊國國君。

②三子：指季孫、孟孫、仲孫三家。

③從大夫之後：孔子曾任大夫，但此時已經去職，他為此事特地朝見魯君。沐浴而朝，說明他對這件事很重視。

【譯文】

陳成子殺了齊簡公。孔子齋戒沐浴後去朝見魯哀公，他對魯哀公說：「陳恒殺了他的君主，請出兵討伐他。」魯哀公說：「你去報告三位大夫吧。」

孔子退朝後說：「我因為曾做過大夫，所以不敢不來報告，君主卻說『你去報告三位大夫吧』。」

孔子又到三位大夫那裡去報告，他們都不同意出兵。孔子說：「我因為曾做過大夫，所以不敢不來報告啊。」

【原文】

子路問事君。子曰：「勿欺也，而犯之。」

【譯文】

子路問怎樣事奉君主。孔子說：「不要欺騙他，但可以犯顏直諫。」

【原文】

子曰：「君子上達，小人下達[1]。」

【注釋】

①君子上達，小人下達：關於這兩句有三種不同解釋：一是上達於道，下達於器，即農工商各業；二是上達指長進向上，日近乎高明，下達指沉淪向下，日近乎污下；三是上指仁義，下指財利。

【譯文】

孔子說：「君子通達於仁義，小人通達於財利。」

【原文】

子曰：「古之學者為己，今之學者為人。」

【譯文】

孔子說：「古代人學習是為了提高自己，現在的人學習是為了給別人看。」

【原文】

蘧伯玉[1]使人於孔子。孔子與之坐而問焉，曰：「夫子何為？」對曰：「夫子欲寡其過而未能也。」

使者出。子曰：「使乎！使乎！」

【注釋】

①蘧伯玉：衛國大夫，名瑗，孔子在衛國時曾居住在他家裡。

【譯文】

蘧伯玉派了一位使者去拜訪孔子。孔子請使者坐下，然後問道：「他老先生在幹什麼呢？」使者回答說：「先生想使自己少一些過失，但還沒能做到。」

使者辭出，孔子稱讚說：「真是個好使者！真是個好使者！」

【原文】

子曰：「不在其位，不謀其政。」曾子曰：「君子思不出其位。」

【譯文】

孔子說：「不在那個職位，就不要考慮那個職位上的事情。」曾子說：「君子的思慮不超出自己的職務範圍。」

【原文】

子曰：「君子恥其言而過其行①。」

【注釋】

①恥其言而過其行：以言語太多，勝過行動為恥，意思是說，君子要言行一致。而，用法同「之」。

【譯文】

孔子說：「君子認為說得多做得少是可恥的。」

【原文】

子曰：「君子道者三，我無能焉：仁者不憂，知者不惑，勇者不懼。」子貢曰：「夫子自道也。」

【譯文】

孔子說：「君子之道有三個方面，我都沒有做到，那就是：仁德的人不憂愁，智慧的人不迷惑，勇敢的人不畏懼。」子貢說：「這幾句話正是老師的自我寫照啊。」

【原文】

子貢方人①。子曰：「賜也，賢乎哉？夫我則不暇。」

【注釋】

①方人：比方，議論別人的短長。

【譯文】

子貢平時喜歡議論別人的長短。孔子說：「賜啊，你就那麼好了嗎？我就沒有這樣的閒工夫。」

【原文】

子曰：「不患人之不己知，患其不能也。」

【譯文】

孔子說：「不擔心別人不瞭解自己，只擔心自己沒有才能。」

【原文】

子曰：「不逆①詐，不億②不信，抑亦先覺者，是賢乎！」

【注釋】

①逆：預料，揣度。

②億：臆測。

【譯文】

孔子說：「不預先懷疑別人有欺詐，不無端猜測別人沒有誠信，但也能及時察覺真相，這樣的人可算是賢者了。」

【原文】

微生畝①謂孔子曰：「丘何為是栖栖者②與？無乃為佞乎？」孔子曰：「非敢為佞也，疾固也。」

【注釋】

①微生畝：魯國隱士，姓微生，名畝。

②栖栖者：忙碌不安的人。

【譯文】

微生畝對孔子說：「你為何這樣忙碌不安呢？莫非是要顯示自己的口才？」孔子說：「不敢來賣弄口才，而是痛恨那些頑固不化的人。」

【原文】

子曰：「驥①不稱其力，稱其德也。」

【注釋】

①驥：千裡馬。

【譯文】

孔子說：「千裡馬值得稱讚的不是它的氣力，而是它的品德。」

【原文】

或曰：「以德報怨，何如？」子曰：「何以報德？以直報怨，以德報德。」

【譯文】

有人問：「用恩德來回報怨恨，怎麼樣？」孔子說：「那用什麼來報答恩德呢？應該用正直來回報怨恨，用恩德來回報恩德。」

【原文】

子曰：「莫我知也夫！」子貢曰：「何為其莫知子也？」子曰：「不怨天，不尤人，下學而上達。知我者其天乎！」

【譯文】

孔子說：「沒有人瞭解我啊！」子貢說：「怎麼會沒有人瞭解您呢？」孔子說：「我不抱怨天，不責備人，下學人事而上達天命。瞭解我的大概只有天吧！」

【原文】

公伯寮愬子路於季孫①。子服景伯②以告，曰：「夫子固有惑志於公伯寮，吾力猶能肆諸市朝③。」

子曰：「道之將行也與，命也；道之將廢也與，命也。公伯寮其如命何？」

【注釋】

①公伯寮：姓公伯，名寮，或說他也為孔子弟子，曾任季氏家臣。愬（音素）：同「訴」，進讒言。

②子服景伯：魯國大夫，姓子服，名何，字伯，諡號景。

③肆：處死後陳屍示眾。市朝：市集和朝廷，大夫之屍陳於朝廷，士人之屍陳於市集，這裡指市集。

【譯文】

公伯寮在季孫那裡誹謗子路。子服景伯把這件事告訴了孔子，說：「季孫氏已經被公伯寮迷惑了，但我的力量還能把公伯寮處死並陳土屍於集市。」

孔子說：「大道能夠施行，是由天命決定。大道被廢棄而得不到施行，也是由天命決定。公伯寮又能拿天命怎麼樣呢？」

【原文】

子曰：「賢者辟①世，其次闢地，其次辟色，其次辟言。」子曰：「作者七人②矣。」

【注釋】

①辟：同「避」。

②七人：指伯夷、叔齊、虞仲、夷逸、朱張、柳下惠、少連。

【譯文】

孔子說：「賢者避開亂世隱居，次一等的避開一地到另一個地方去，再次一等的避開別人難看的臉色，再次一等的避開別人不好的言語。」孔子又說：「這樣做的已經有七個人了。」

【原文】

子路宿於石門①。晨門②曰：「奚自？」子路曰：「自孔氏。」曰：「是知其不可而為之者與？」

【注釋】

①石門：魯國都城的外門。

②晨門：守門人，負責早晚開閉城門。

【譯文】

子路在石門住了一夜。第二天早上進城時，看門人問：「你從哪裡來的？」子路說：「我從孔氏那裡來。」看門人說：「就是那個明知做不到却還要去做的人嗎？」

【原文】

子擊磬①於衛。有荷蕢而過孔氏之門者②，曰：「有心哉，擊磬乎！」既而曰：「鄙哉，硜硜③乎！莫己知也，斯已而已矣。深則厲，淺則揭④。」

子曰：「果哉！末之難矣。」

【注釋】

①磬：一種打擊樂器。

②荷：肩負。蕢：草筐。
③硜硜（音坑）：擊罄聲。
④深則厲，淺則揭：出自《詩經・邶風・匏有苦葉》，意思是說：如果水深，就索性穿著衣服過去；如果水淺，就提起衣服過去。這裡表示個人的行為要根據實際情況而定。

【譯文】

孔子在衛國，一天正在擊罄，有一個肩扛草筐的人從孔子住所門前走過，他說：「這個擊罄的人是有心事啊！」過了一會又說：「聲音的，真鄙陋啊！沒有人瞭解自己，也就守著自己罷了。就好像涉水一樣，水深就乾脆穿著衣服過去，水淺則撩起衣服過去。」

孔子說：「說得真堅決啊！如果照他那樣思考問題，那就沒什麼難的了。」

孔子聖蹟圖・適衛擊磬

【原文】

子張曰：「《書》云：『高宗諒陰，三年不言[①]。』何謂也？」子曰：「何必高宗，古之人皆然。君薨[②]，百官總己以聽於冢宰三年[3]。」

【注釋】

①高宗諒陰，三年不言：出自《尚書・無逸》，原文語句稍有不同，意為：高宗守喪，三年不問國事。高宗：商王武丁。諒陰：天子居喪時所住的地方。

②薨（音烘）：諸侯死亡稱薨。

③百官總己以聽於冢宰三年：意為繼位的新君三年不問政事，所以朝中百官各司其職，聽命於宰相。總己：主持自己的職事。冢宰：周代官名，相當於後世的宰相。

【譯文】

子張說：「《尚書》上說：『商高宗守喪，三年不問政事。』這是什麼意思？」孔子說：「豈止商高宗一人如此，古人都這樣。國君死了，三年之內，朝廷百官各自管理自己的職事，聽命於冢宰。」

【原文】

子曰：「上好禮，則民易使也。」

【譯文】

孔子說：「在上位的人喜好禮，老百姓就容易聽從治理了。」

【原文】

子路問君子。子曰：「修己以敬。」

曰：「如斯而已乎？」曰：「修己以安人[1]。」

曰：「如斯而已乎？」曰：「修己以安百姓。修己以安百姓，堯、舜其猶病[2]諸。」

【注釋】

①人：指士大夫以上的統治階級。

②病：難。

【譯文】

子路問怎樣才是君子。孔子說：「以嚴肅認真的態度修養自己。」

子路說：「這樣就夠了嗎？」孔子說：「修養自己，使別人安樂。」

子路說：「這樣就夠了嗎？」孔子說：「修養自己，使百姓安樂。修養自己使百姓都安樂，就算是堯、舜也覺得不容易做到呢。」

【原文】

原壤夷俟[1]。子曰：「幼而不孫弟[2]，長而無述焉，老而不死，是為賊。」以杖叩其脛。

【注釋】

①原壤：孔子的故交。他母親死了，他還大聲歌唱，孔子認為這是大逆不道。在學說上他另有主張而不贊成孔子學說。夷：箕踞，指伸開双腿坐於地上，這不合双膝著地的跪坐禮節。俟：等待。

②孫弟：同「遜悌」，敬順兄長老者。

【譯文】

原壤伸開双腿坐在地上，等待孔子。孔子說：「你年幼時不懂得遜悌的禮節，年長後沒有什麼可以稱道的事業成就，老而不死，真是個禍害。」說著，孔子用手杖敲原壤的小腿。

【原文】

闕黨童子將命[1]。或問之曰：「益者與？」子曰：「吾見其居於位[2]也，見其與先生並行也。非求益者也，欲速成者也。」

【注釋】

①闕黨：即闕里，孔子所居之地。將命：在賓主之間傳話。

②居於位：這裡指坐在成人的席位上。按照禮節，童子應當坐於旁位，不可以與成人並坐。

【譯文】

闕里的一個童子來向孔子傳話。有人問孔子：「這是個求上進的孩子嗎？」孔子說：「我看他坐在成人的席位上，又見他與長輩並肩行走。這不是個求上進的人，而是個急於求成的人。」

衛靈公篇第十五

【原文】

衛靈公問陳①於孔子，孔子對曰：「俎豆②之事，則嘗聞之矣；軍旅之事，未之學也。」明日遂行。

【注釋】

①陳：同「陣」，軍陣行列。

②俎豆：行禮儀時盛放食品的禮器。俎豆之事指禮儀之事。

【譯文】

衛靈公問孔子軍陣行列的事情，孔子回答說：「禮儀方面的事，我是知道的；軍旅方面的事情，我不曾學過。」第二天孔子就離開了衛國。

【原文】

在陳絕糧，從者病，莫能興①。子路慍見曰：「君子亦有窮乎？」子曰：「君子固②窮，小人窮斯濫矣。」

孔子聖蹟圖・靈公問陳

【注釋】

①興：起來。

②固：固有。一說固守。

【譯文】

孔子在陳國斷絕了糧食，隨從的弟子都餓病了，不能站起來。子路滿臉不高興地來見孔子說：「君子也有窮困的時候嗎？」孔子說：「君子能安守窮困，小人窮困時就會胡作非為。」

【原文】

子曰：「賜也，女以予為多學而識之者與？」對曰：「然，非與？」曰：「非也，予一以貫之。」

【譯文】

孔子說：「賜呀，你以為我是學了很多又都能記住的嗎？」子貢回答說：「是呀，難道不是這樣嗎？」孔子說：「不是的，我是有一個基本道理貫串在所學之中。」

【原文】

子曰：「由，知德者鮮矣。」

【譯文】

孔子說：「仲由！懂得德的人太少了。」

【原文】

子曰：「無為而治①者，其舜也與？夫何為哉？恭己正南面而已矣。」

【注釋】

①無為而治：指舜繼堯之後，由於用人得當，天下太平，所以看不見他有所作為。

【譯文】

孔子說：「清靜無為而能使天下太平的人大概只有舜吧？他做了什麼呢？只是恭敬莊重地坐在王位上罷了。」

孔子聖蹟圖・在陳絕糧

【原文】

子張問行[1]。子曰：「言忠信，行篤敬，雖蠻貊之邦[2]，行矣。言不忠信，行不篤敬，雖州里[3]，行乎哉？立，則見其參[4]於前也；在輿，則見其倚於衡也[5]，夫然後行。」子張書諸紳[6]。

【注釋】

①行：順遂通達，行得通。

②蠻：古稱南蠻。貊（音墨）：古稱北狄。蠻貊是古代對邊遠地區落後民族的統稱。

③州里：指鄉里本土。古代兩千五百家為州，五家為鄰，五鄰為里。

④參：直聳，直立。

⑤倚：倚靠，這裡可解釋為刻。衡：車轅前的橫木。

⑥紳：下垂的大帶子。

【譯文】

子張問怎樣做事才行得通。孔子說：「言語忠誠守信，行為篤厚嚴肅，即使到了蠻貊地區，也是行得通的。言語不忠誠守信，行為不篤厚嚴肅，即使是在鄉里本土，難道能行得通嗎？站立時，『忠信篤敬』幾個字就好像聳立在眼前；乘車時，『忠信篤敬』幾個字就好像刻在車前的橫木上。這樣才能處處行得通。」子張把這些話寫在自己腰間的大帶子上。

【原文】

子曰：「直哉！史魚[1]。邦有道如矢，邦無道如矢。君子哉！蘧伯玉。邦有道則仕，邦無道則可卷而懷之[2]。」

【注釋】

①史魚：衛國大夫，姓史，名鰍，字子魚，他曾用屍諫的辦法勸衛靈公要任用蘧伯玉。

②卷：收。懷：藏。卷而懷之：收藏起來，這裡指隱居。

【譯文】

孔子說：「史魚真是剛直啊！國家有道，他像箭那樣直；國家無道，他也像箭那樣直。蘧伯玉真是君子啊！國家有道，他就出來做官；國家無道，他就隱居起來。」

【原文】

子曰：「可與言而不與之言，失人；不可與言而與之言，失言。知者不失人，亦不失言。」

【譯文】

孔子說：「可以與他談話的人，却不和他談，這叫錯過人才；不可與他談話的人，却要和他談，這就叫作白費了言語。聰明人不錯過人才，也不白費言語。」

【原文】

子曰：「志士仁人，無求生以害仁，有殺身以成仁。」

【譯文】

孔子說：「志士仁人，不會為苟全生命而損害仁義，而寧可犧牲生命以成全仁義。」

【原文】

子貢問為仁。子曰：「工欲善其事，必先利其器。居是邦也，事其大夫之賢者，友其士之仁者。」

【譯文】

子貢問怎樣實現仁德。孔子說：「工匠想要做好他的事，一定先完善他的工具。居住在這個國家，就要事奉大夫中的賢者，結交士人中的仁者。」

【原文】

顏淵問為邦。子曰：「行夏之時①，乘殷之輅②，服周之冕③，樂則《韶》《舞》④。放鄭聲⑤，遠佞人。鄭聲淫，佞人殆。」

【注釋】

①夏之時：夏朝的曆法，以今農曆一月為每年第一月。周朝的曆法則是以今農曆十一月為每年的第一月。夏曆比較符合農時，便於農業生產，所以在當時受到歡迎。

②輅：大車。商代的車比較質樸。

③冕：禮帽。周代的禮帽等制完備，比較華美。

④韶：舜時樂曲。舞：通「武」，周武王時的樂曲。

⑤放：捨棄，廢除。鄭聲：鄭國的音樂。

【譯文】

顏淵問怎樣治理國家。孔子說：「用夏朝的曆法，坐殷朝的車子，戴周朝的禮帽，音樂則用《韶》樂和《舞》樂。捨棄鄭國的音樂，斥退諂媚小人。鄭國的音樂靡曼淫濫，諂媚的小人很危險。」

【原文】

子曰：「人無遠慮，必有近憂。」

【譯文】

孔子說：「人沒有長遠的考慮，必定有眼前的憂愁。」

【原文】

子曰：「已矣乎！吾未見好德如好色者也。」

【譯文】

孔子說：「罷了！我從未看見過喜好美德像喜好美色一樣的人。」

【原文】

子曰：「臧文仲其竊位者與？知柳下惠①之賢，而不與立也。」

【注釋】

①柳下惠：魯國賢者，姓展，名獲，字禽，又叫展季。柳下是他居住的地方，惠是他的謚號，故又稱柳下惠。

【譯文】

孔子說：「臧文仲大概是個占據官位而不任職事的人吧？他明知柳下惠賢良，却不舉荐他為官。」

【原文】

子曰：「躬自厚而薄責於人，則遠怨矣。」

孔子聖蹟圖·丑次同車

【譯文】

孔子說：「責備自己嚴而責備別人寬，那就不會招人怨恨了。」

【原文】

子曰：「不曰『如之何[1]？如之何？』者，吾末如之何也已矣。」

【注釋】

①如之何：怎麼辦。這裡指對所遇到的問題的思考。

【譯文】

孔子說：「一個處世不常想想『怎麼辦，怎麼辦』的人，我也不知道該對他怎麼辦了。」

【原文】

子曰：「群居終日，言不及義，好行小慧，難矣哉！」

【譯文】

孔子說：「整日與一群人聚集在一起，所談論的卻沒有涉及道義的事，只喜歡賣弄些小聰明，這樣是難有長進的。」

【原文】

子曰：「君子義以為質，禮以行之，孫以出之，信以成之。君子哉！」

【譯文】

孔子說：「君子把道義作為行事的根本，依據禮節來實行它，用謙遜的言辭來表達它，用誠信的態度來完成它。這才是真君子啊！」

【原文】

子曰：「君子病無能焉，不病人之不己知也。」

【譯文】

孔子說：「君子憂慮自己沒有才能，不憂慮別人不瞭解自己。」

【原文】

子曰：「君子疾沒世而名不稱焉。」

【譯文】

孔子說：「君子憂慮的是死後名聲不被傳頌。」

【原文】

子曰：「君子求諸己，小人求諸人。」

【譯文】

孔子說：「君子凡事都靠自己，小人凡事都要求別人。」

【原文】

子曰：「君子矜而不爭，群而不黨。」

【譯文】

孔子說：「君子莊重而不與人爭執，合群而不結黨。」

【原文】

子曰：「君子不以言舉人，不以人廢言。」

【譯文】

孔子說：「君子不因為一個人的言辭就舉荐他，也不因為一個人的品德不好就全部否定他的言辭。」

【原文】

子貢問曰：「有一言而可以終身行之者乎？」子曰：「其恕乎！己所不欲，勿施於人。」

【譯文】

子貢問道：「有沒有一個字可以終身奉行的？」孔子說：「那大概是『恕』吧！自己不願的事情，不要強加給別人。」

【原文】

子曰：「吾之於人也，誰毀誰譽？如有所譽者，其有所試矣。斯民也，三代之所以直道而行也。」

【譯文】

孔子說：「我對於別人，詆毀了誰？讚譽了誰？如果我有所讚譽，必定是經過實際考察的。現在這些百姓呀，也就是夏、商、週三代以直道施行天下時的百姓啊。」

【原文】

子曰：「吾猶及史之闕文①也。有馬者借人乘之，今亡矣夫！」

【注釋】

①闕文：指存疑而空缺的文字，表示不妄自增益。

【譯文】

孔子說：「我還能夠看到史書存疑的地方。有馬的人自己不會訓練，就先借給別人騎。這種精神，今天已經沒有了。」

【原文】

子曰：「巧言亂德。小不忍，則亂大謀。」

【譯文】

孔子說：「花言巧語會敗壞道德。在小事上不忍耐，就會敗壞大事情。」

【原文】

子曰：「眾惡之，必察焉；眾好之，必察焉。」

【譯文】

孔子說：「大家都厭惡他，一定要進行審察；大家都喜歡他，也一定要進行審察。」

【原文】

子曰：「人能弘道，非道弘人。」

【譯文】

孔子說：「人能夠弘揚道，不是用道來擴大人。」

【原文】

子曰：「過而不改，是謂過矣。」

【譯文】

孔子說：「有錯誤而不改正，這就真成為錯誤了。」

【原文】

子曰：「吾嘗終日不食，終夜不寢，以思，無益，不如學也。」

【譯文】

孔子說：「我曾經整天不吃飯，整夜不睡覺，去思考，結果毫無收益，還不如去學習。」

【原文】

子曰：「君子謀道不謀食。耕也，餒在其中矣；學也，祿在其中矣。君子憂道不憂貧。」

【譯文】

孔子說：「君子謀求道而不謀求衣食。去耕作，却免不了常常餓肚子；去學習，則常能做官領取俸祿。君子憂慮的是不能求得道，不是憂慮貧困。」

【原文】

子曰：「知及之，仁不能守之，雖得之，必失之。知及之，仁能守之，不莊以涖[1]之，則民不敬。知及之，仁能守之，莊以涖之，動之不以禮，未善也。」

【注釋】

①涖（音立）：同「蒞」，臨，來到。

【譯文】

孔子說：「才智能勝任官職，却不能以仁德來保持它，即使得到了官職，也一定會失去。才智能勝任官職，並能以仁德來保持它，但如果不用嚴肅認真的態度來行使自己的職責，那就不會得到老百姓的尊敬。才智能勝任官職，並能以仁德來保持它，又能用嚴肅認真的態度來行使自己的職責，但如果不能用合乎禮儀的方法來治理老百姓，也是不夠完善的。」

【原文】

子曰：「君子不可小知，而可大受也；小人不可大受，而可小知也。」

【譯文】

孔子說：「不可用小事情來考驗君子，却可讓他承擔大任；小人不可承擔大任，却能用小事情來考驗他。」

【原文】

子曰：「民之於仁也，甚於水火。水火，吾見蹈而死者矣，未見蹈仁而死者也。」

【譯文】

孔子說：「老百姓需要仁德比需要水火更迫切。我看見過因蹈水火而淹死燒死的，却沒有見過實踐仁德而死的。」

【原文】

子曰：「當仁，不讓於師。」

【譯文】

孔子說：「面對合乎仁義的事情，就是對老師，也不必謙讓。」

【原文】

子曰：「君子貞而不諒①。」

【注釋】

① 貞：正道。諒：小信。

【譯文】

孔子說：「君子堅守正道，不拘泥於小信。」

【原文】

子曰：「事君，敬其事而後其食。」

【譯文】

孔子說：「做臣子的事奉君主，要盡心儘力做好自己的職事，把領取俸祿的事放在後面。」

【原文】

子曰：「有教無類。」

【譯文】

孔子說：「無論哪一類人，我都可以給他以教育。」

【原文】

子曰：「道不同，不相為謀。」

【譯文】

孔子說：「所持的信念不同，就不必在一起互相商議。」

【原文】

子曰：「辭達而已矣。」

【譯文】

孔子說：「言辭足以表達清楚意思就可以了。」

【原文】

師冕①見，及階，子曰：「階也。」及席，子曰：「席也。」

皆坐，子告之曰：「某在斯，某在斯。」

師冕出。子張問曰：「與師言之道與？」子曰：「然，固相師之道也。」

【注釋】

①師冕：名叫冕的樂師。古代的樂師一般由盲人擔任。

【譯文】

師冕來見孔子，走到台階邊，孔子說：「這是台階了。」走到坐席前，孔子說：「這是坐席了。」眾人都坐下後，孔子告訴師冕說：「某人在這裡，某人在這裡。」

師冕辭出後，子張問道：「這是與盲樂師交談的方式嗎？」孔子說：「是的，這本來就是幫助盲樂師的方式。」

季氏篇第十六

【原文】

季氏將伐顓臾[①]，冉有、季路見於孔子曰：「季氏將有事[②]於顓臾。」

孔子曰：「求，無乃爾是過與？夫顓臾，昔者先王以為東蒙主[③]，且在邦域之中矣，是社稷之臣也，何以伐為？」

冉有曰：「夫子欲之，吾二臣皆不欲也。」

孔子曰：「求，周任[④]有言曰：『陳力就列[⑤]，不能者止。』危而不持，顛而不扶，則將焉用彼相[⑥]矣？且爾言過矣，虎兕出於柙[⑦]，龜玉毀於櫝中[⑧]，是誰之過與？」

冉有曰：「今夫顓臾，固而近於費[⑨]，今不取，後世必為子孫憂。」

孔子曰：「求，君子疾夫舍曰欲之而必為之辭。丘也聞有國有家者，不患寡而患不均，不患貧而患不安⑩。蓋均無貧，和無寡，安無傾。夫如是，故遠人不服，則修文德以來之。既來之，則安之。今由與求也，相夫子，遠人不服而不能來也；邦分崩離析而不能守也，而謀動干戈於邦內，吾恐季孫之憂不在顓臾，而在蕭牆之內也⑪。」

【注釋】

①顓臾（音專余）：魯國的附屬國，在今山東費縣西。

②有事：有戰事，指用兵作戰。

③東蒙：即蒙山，在今山東蒙陰南。主：主持祭祀。

④周任：周朝史官。

⑤陳力：發揮能力。列：指職位。

⑥相：扶助盲人的人。

⑦兕（音賜）：雌性犀牛。柙：關押野獸的木籠。

⑧龜：龜甲，用以占卜。櫝：匣子。

⑨費：季氏的私邑。

⑩不患寡而患不均，不患貧而患不安：前後句中的「寡」與「貧」當相互調換，如此才與下文相符。

⑪蕭牆：宮廷內室的屏風。蕭牆之內指宮廷內部。孔子說這句話的意思是：季氏對顓臾用兵的真實用意是針對魯君。當時季氏把持魯國國政，與魯君存在矛盾，他要攻打顓臾，是擔心顓臾助魯君對自己構成威脅。

【譯文】

季氏準備攻打顓臾，冉有、子路去見孔子，說：「季氏將對顓臾用兵。」

孔子說：「冉求，這難道不是你的過錯嗎？那顓臾，從前周天子曾授命它主持蒙山的祭祀，況且它又在魯國境域之內，是魯國的臣屬，為什麼要攻伐它呢？」

冉有說：「是季孫想攻打它，我們兩個人都是不讚同的。」

孔子說：「冉求，周任曾經說過：『能施展才能就任職，如果不行就辭職。』如果一個盲人遇到危險，作為助手的不去扶持他，要摔倒時，助手也不去攙扶他，那麼要這個助手有什麼用呢？況且你的話是錯誤的，老虎和犀牛從籠中逃出，龜甲和美玉在匣中毀壞，這是誰的過失呢？」

冉有說：「現在顓臾城牆堅固，而且離費邑很近，現在不攻取它，將來一定成為子孫的禍患。」

孔子說：「冉求，君子討厭那種不實說自己的貪慾而另找藉口加以辯解的做法。我聽說，有國的諸侯和有家的卿大夫，不愁貧窮而愁財富不均，不愁人口不足而愁境內不安定。財富平均就無所謂貧窮，關係和諧就不覺得人口不足，境內安定了就沒有傾覆的危險。做到這樣，遠方的人還不歸服，就修治文德招徠他們。他們來了，就想辦法安置他們。如今仲由和冉求你倆輔助季氏，遠方的人不歸服，你們不能去招徠；國家分崩離析，你們不能保全；反而想在國內大動干戈。恐怕季孫氏的憂慮不在顓臾，而是在魯君這裡吧。」

【原文】

孔子曰：「天下有道，則禮樂征伐自天子出；天下無道，則禮樂征伐自諸侯出。自諸侯出，蓋十世希①不失矣；自大夫出，五世希不失矣；陪臣②執國命，三世希不失矣。天下有道，則政不在大夫。天下有道，則庶人不議。」

【注釋】

①希：同「稀」，很少。

②陪臣：卿大夫的家臣。

【譯文】

孔子說：「天下有道，制定禮樂和出兵征伐都決定於天子；天下無道，制定禮樂和出兵征伐都決定於諸侯。這些事決定於諸侯，大概傳到十代很少有不喪失權位的；決定於大夫，經過五代很少有不喪失權位的；如果是卿大夫的家臣執掌國家政權，傳到三代就很少有不喪失權位的。天下有道，國家政權不會落入大夫手中。天下有道，老百姓不會議論政事。」

孔子聖蹟圖・禮墮三都

【原文】

孔子曰：「祿之去公室五世矣①，政逮於大夫四世矣②。故夫三桓之子孫微矣。」

【注釋】

①祿：實行爵祿的權力，指國家政權。五世：指魯宣公、魯成公、魯襄公、魯昭公、魯定公五代。

②逮：及，到。四世：指從季氏掌握國家政權到孔子說這段話時，已經經歷了季文子、季武子、季平子、季桓子四代。

【譯文】

孔子說：「國家政權離開魯君已經五代了，政權落到大夫手裡已經四代了，所以三桓的子孫也衰微了。」

【原文】

孔子曰：「益者三友，損者三友。友直，友諒，友多聞，益矣。友便辟①，友善柔②，友便佞③，損矣。」

【注釋】

①便辟：善於逢迎諂媚。

②善柔：當面奉承，背後詆毀。

③便佞（音寧）：巧言善辯，夸夸其談。

【譯文】

孔子說：「有益的朋友有三種，有害的朋友也有三種。與正直的人交朋友，與守信義的人交朋友，與見聞廣博的人交朋友，是有益的。與諂媚逢迎的人交朋友，與兩面三刀的人交朋友，與巧言善辯的人交朋友，是有害的。」

【原文】

孔子曰：「益者三樂，損者三樂。樂節禮樂，樂道人之善，樂多賢友，益矣。樂驕樂①，樂佚②遊，樂晏樂，損矣。」

【注釋】

①驕樂：驕縱不知節制的樂。

②佚：同「逸」。

【譯文】

孔子說：「有益的喜好有三種，有害的喜好也有三種。喜好用禮樂調度自己，喜好講別人的優點，喜好廣交良友，這是有益的。喜好驕傲放縱，喜好懶散閒遊，喜好過度宴飲，這是有害的。」

【原文】

孔子曰：「侍於君子有三愆[1]：言未及之而言謂之躁，言及之而不言謂之隱，未見顏色而言謂之瞽[2]。」

【注釋】

①愆（音千）：過失。

②瞽：盲人。

【譯文】

孔子說：「陪侍君子說話容易犯三種過失：不該說話的時候却搶先說，這叫作急躁；該說話的時候却不說，這叫作隱瞞；不看君子臉色而貿然開口，如同瞎子。」

【原文】

孔子曰：「君子有三戒：少之時，血氣未定，戒之在色；及其壯也，血氣方剛，戒之在鬥；及其老也，血氣既衰，戒之在得。」

【譯文】

孔子說：「君子有三件事情要引以為戒：年輕的時候，血氣尚未固定，要切忌迷戀女色；到了壯年時，血氣正旺盛，要切忌爭強好勝；等到了年老的時候，血氣衰弱，要戒除貪得無厭。」

【原文】

孔子曰：「君子有三畏：畏天命，畏大人[1]，畏聖人之言。小人不知天命而不畏也，狎[2]大人，侮聖人之言。」

【注釋】

①大人：居高位的人。

②狎：輕慢。

【譯文】

孔子說：「君子有三種敬畏：敬畏天命，敬畏地位高貴的人，敬畏聖人的學說。小人不懂得天命，因而不加敬畏，對地位高貴的人態度輕慢，對聖人的學說多有輕侮。」

【原文】

孔子曰：「生而知之者上也；學而知之者次也；困而學之，又其次也；困而不學，民斯為下矣。」

【譯文】

孔子說：「生來就通曉道的人，是上等人；通過學習才通曉道的人，是次一等；遇到困難而去學習的人，是又次一等；遇到困難還不學習，這是最下等的人了。」

【原文】

孔子曰：「君子有九思：視思明，聽思聰，色思溫，貌思恭，言思忠，事思敬，疑思問，忿思難，見得思義。」

【譯文】

孔子說：「君子有九種考慮：看的時候，要考慮看明白了沒有；聽的時候，要考慮聽清楚了沒有；待人的臉色，要考慮是否溫和；待人的態度，要考慮是否恭敬；說話的時候，要考慮是否忠誠；做事的時候，要考慮是否嚴肅認真；有疑問的時候，要考慮如何向別人請教；生氣的時候，要考慮是否會引起後患；看見有可得的時候，要考慮得來是否合乎道義。」

【原文】

孔子曰：「見善如不及，見不善如探湯[①]。吾見其人矣，吾聞其語矣。隱居以求其志，行義以達其道。吾聞其語矣，未見其人也。」

【注釋】

①湯：沸水。

【譯文】

孔子說：「看見好的德行，便想快點去做，好像趕不上一樣；看見不好的德行，就像把手伸進沸水那樣急忙擺脫。我見過這樣的人，也聽過這樣的話。能退避隱居而堅守自己的志向，能以義行事來實施所持之道。我聽過這樣的話，但沒見過這樣的人。」

【原文】

齊景公有馬千駟，死之日，民無德而稱焉。伯夷、叔齊餓於首陽[①]之下，民到於今稱之。「誠不以富，亦祇以異[②]」，其斯之謂與？

【注釋】

①首陽：即首陽山。伯夷、叔齊兄弟諫阻武王伐紂，不從，隱居首陽山。商亡後，二人不食周粟，採薇而食，最終餓死。

②誠不以富，亦祇以異：出自《詩經・小雅・我行其野》。異：品德高尚，與眾不同。

【譯文】

齊景公有四千匹馬，死的時候，百姓們覺得他的德行沒什麼可稱頌的。伯夷、叔齊餓死在首陽山下，百姓到今天還稱頌他們。《詩經》上說：「實在不是因為他富，只因為他的品行高於常人。」大概就是這個道理吧？

【原文】

陳亢問於伯魚曰[①]：「子亦有異聞乎？」

對曰：「未也。嘗獨立，鯉趨而過庭。曰：『學詩乎？』對曰：『未也。』『不學詩，無以言。』鯉退而學詩。他日，又獨立，鯉趨而過庭。曰：『學禮乎？』對曰：『未也。』『不學禮，無以立。』鯉退而學禮。聞斯二者。」

陳亢退而喜曰：「問一得三：聞詩，聞禮，又聞君子之遠②其子也。」

【注釋】

①陳亢：孔子弟子，字子禽，又名原亢。伯魚：孔子的兒子孔鯉，字伯魚。
②遠：不親近，不偏愛。

孔子聖蹟圖・過庭詩禮

【譯文】

陳亢問伯魚說：「你在你父親那裡聽到過什麼特別的教誨嗎？」

伯魚回答說：「沒有。父親曾經一個人站在庭中，我恭敬地快步走過。他問我：『學詩了沒有？』我回答說：『沒有。』他說：『不學詩就不知如何說話。』我退回後就開始學詩。又有一天，父親又一個人站在庭中，我恭敬地快步走過。他問我：『學禮了沒有？』我回答說：『沒有。』他說：『不學禮就不知如何立身。』我退回後就開始學禮。

我就聽到過這兩件事。」

陳亢退下後高興地說：「我問了一個問題，却知道了三件事。知道了學詩和學禮的重要性，還知道了君子對於自己的兒子沒有偏私之心。」

【原文】

邦君之妻，君稱之曰夫人，夫人自稱曰小童；邦人稱之曰君夫人，稱諸異邦曰寡小君；異邦人稱之亦曰君夫人。

【譯文】

國君的妻子，國君稱她為夫人，夫人自稱為小童；國人稱她為君夫人，對別的國家則稱她為寡小君；而別國的人也稱她為君夫人。

陽貨篇第十七

【原文】

陽貨[①]欲見孔子，孔子不見，歸孔子豚[②]。

孔子時其亡也[③]，而往拜之。

遇諸塗[④]，謂孔子曰：「來！予與爾言」曰：「懷其寶而迷其邦，可謂仁乎？」曰：「不可。」「好從事而亟[⑤]失時，可謂知乎？」曰：「不可。」「日月逝矣，歲不我與。」

孔子曰：「諾，吾將仕矣。」

【注釋】

①陽貨：季氏家臣，又名陽虎。季氏數代把持魯國國政，而這時陽貨又掌握了季氏的家政。後來他與公山弗擾共謀殺害季桓子，失敗後逃亡晉國。

②歸：通「饋」，贈送。豚：小豬，也泛指豬，這裡指蒸熟的小豬。

③時：伺，趁，等候。亡：同「無」，這裡指不在家。據禮，凡大夫贈送東西給士，士如果不是在家當面接受，就必須親自到大夫家拜謝。陽貨掌握季氏家政，想請孔子出仕，孔子不願意，陽貨就利用當時的禮俗，趁孔子不在家時，送去一隻蒸熟的小豬。孔子不願見陽貨，但又不好違禮，也趁陽貨不在家的時候去拜謝。

④塗：同「途」。

⑤亟：屢次。

【譯文】

陽貨想讓孔子去拜見他，孔子不去，他就送孔子一隻蒸熟的小豬。

孔子趁陽貨不在家時前往拜謝。

不料兩人在途中相遇了，陽貨對孔子說：「來！我有話要和你說。」陽貨說道：「身懷才能，却聽任國家迷亂，這可算是仁嗎？」陽貨自答：「不可。」陽貨又說道：「喜歡參與政事而又屢次失去機會，可算是聰明嗎？」陽貨又自答：「不可。」接著陽貨說：「時光流逝，歲月是不等人的。」

孔子說：「好吧，我打算出來做官了。」

孔子聖蹟圖・拜胙遇塗

【原文】

子曰：「性相近也，習相遠也。」

【譯文】

孔子說：「人的本性是相近的，因為習慣的影響才相互有了差別。」

【原文】

子曰：「唯上知與下愚不移。」

【譯文】

孔子說：「只有上等的智者和下等的愚者是不能改變的。」

【原文】

子之武城①，聞絃歌之聲。夫子莞爾②而笑，曰：「割雞焉用牛刀？」

子游對曰：「昔者偃也聞諸夫子曰：『君子學道則愛人，小人學道則易使也。』」

子曰：「二三子！偃之言是也，前言戲之耳。」

【注釋】

①武城：魯國邑名，當時子游任邑宰。

②莞爾：微笑的樣子。

【譯文】

孔子到武城，聽到彈琴唱歌的聲音。孔子微笑著說：「殺雞何必用宰牛的刀呀？」

子游回答說：「從前我聽先生說過：『在官位的人學禮樂之道就會愛人，百姓學禮樂之道就會聽從使喚。』」

孔子說：「學生們，言偃的話說得對，我剛才的話只是與他開玩笑罷了。」

【原文】

公山弗擾[1]以費畔，召，子欲往。

子路不悅，曰：「末之也已[2]？何必公山氏之之也？」子曰：「夫召我者，而豈徒哉？如有用我者，吾其為東周[3]乎！」

【注釋】

①公山弗擾：人名，又稱公山不狃，季氏家臣。

②末：沒有。之：前往。

③東周：建立一個東方的周王朝，指在東方復興周禮。

【譯文】

公山弗擾盤踞在費邑發動叛亂，召孔子，孔子想去。

子路不高興地說：「沒有可去之地也就算了，為什麼一定要去公山氏那裡呢？」孔子說：「他來召我，難道只是一句空話嗎？如果真有人用我，我將能在東方復興周禮，興起周道吧！」

【原文】

子張問仁於孔子，孔子曰：「能行五者於天下為仁矣。」

「請問之？」曰：「恭、寬、信、敏、惠，恭則不侮，寬則得眾，信則人任焉，敏則有功，惠則足以使人。」

【譯文】

子張問孔子怎樣才是仁。孔子說：「能在天下實行五種品德就是仁了。」

子張問：「請問是哪五種品德？」孔子說：「莊重、寬厚、誠信、勤敏、慈惠。莊重就不致遭受侮辱，寬厚就會得到眾人的擁護，誠信就能被人任用，勤敏就能提高做事的效率，慈惠就能很好地使喚人。」

【原文】

佛肸[1]召，子欲往。

子路曰：「昔者由也聞諸夫子曰：『親於其身為不善者，君子不入也。』佛肸以中牟②畔，子之往也，如之何？」

子曰：「然，有是言也。不曰堅乎，磨而不磷③；不曰白乎，涅而不緇④。吾豈匏瓜⑤也哉？焉能繫而不食？」

【注釋】

①佛肸（音夕）：晉國范氏、中行氏的家臣，任中牟邑宰。晉國大夫趙簡子進攻范氏、中行氏，佛肸據中牟進行抵抗。

②中牟：晉國邑名，在今河北邢台與邯鄲之間。

③磷：薄。

④涅：一種礦物質，可用作顏料染衣服。緇：黑色。

⑤匏瓜：葫蘆的一種，果實比葫蘆大，味苦不被食用。

【譯文】

佛肸召孔子，孔子想去。

子路說：「我過去曾聽先生說過：『親身做過壞事的人那裡，君子是不去的。』佛肸占據中牟叛亂，您卻要去，這是為何？」

孔子說：「沒錯，我是說過這話。但是，不是有真正堅硬的東西嗎，那是磨也磨不薄的；不是有真正潔白的東西嗎，那是染也染不黑的。我難道是那匏瓜嗎？怎麼能只掛在那裡而不給人吃呢？」

【原文】

子曰：「由也！汝聞六言六蔽矣乎①？」對曰：「未也。」

「居，吾語汝。好仁不好學，其蔽也愚②；好知不好學，其蔽也蕩；好信不好學，其蔽也賊③；好直不好學，其蔽也絞④；好勇不好學，其蔽也亂；好剛不好學，其蔽也狂。」

【注釋】

①六言：六個字，指仁、智、信、直、勇、剛。蔽：弊病。

②愚：愚弄。

③賊：傷害。
④絞：偏激，說話尖刻。

【譯文】

孔子說：「仲由，你聽說過六個字的品德以及六種弊病嗎？」子路回答說：「沒有。」

孔子說：「你坐下，我告訴你。喜好仁德而不喜好學習，它的弊病是讓人容易受人愚弄；喜好聰明而不喜好學習，它的弊病是行為放蕩；喜好誠信而不喜好學習，它的弊病是自己反受傷害；喜好直率而不喜好學習，它的弊病是說話尖刻；喜好勇敢而不喜好學習，它的弊病是作亂惹禍；喜好剛強而不喜好學習，它的弊病是輕率狂妄。」

【原文】

子曰：「小子，何莫學夫詩？詩，可以興①，可以觀②，可以群③，可以怨④。邇⑤之事父，遠之事君，多識於鳥獸草木之名。」

【注釋】
①興：激發感情。
②觀：觀察瞭解天地與人間百態。
③群：合群。
④怨：諷諫上級，怨而不怒。
⑤邇：近。

【譯文】

孔子說：「學生們為什麼不學習詩呢？學習詩，可以啟發想像力，可以提高觀察力，可以加強合群性，可以懂得怎樣諷諫上級。近可以用於事奉父母，遠可以用於事奉君主，還能從中多學一些鳥獸草木的名稱。」

【原文】

子謂伯魚曰：「女為《周南》《召南》①矣乎？人而不為《周南》《召南》，其猶正牆面而立②也與。」

【注釋】

①《周南》《召南》：《詩經》國風中第一、二部分的篇名。周南和召南都是地名，在江漢流域一帶，這兩篇收入的都是當地的民歌。孔子重視這兩篇，不是看中其中的民歌，而是他對這些民歌的內容按照他的觀點另有解釋。

②正牆面而立：即面對著牆壁站著，意為不能看見任何東西，也不能前進。

【譯文】

孔子對伯魚說：「你學了《周南》和《召南》中的詩了嗎？一個人如果不學習《周南》和《召南》中的詩，那就像面對著牆壁站立著。」

【原文】

子曰：「禮云禮云，玉帛云乎哉？樂云樂云，鐘鼓云乎哉？」

【譯文】

孔子說：「禮呀禮呀，難道只是指玉帛等禮器而言嗎？樂呀樂呀，難道只是指鐘鼓等樂器而言嗎？」

【原文】

子曰：「色厲而內荏①，譬諸小人，其猶穿窬②之盜也與？」

【注釋】

①厲：威嚴。荏：怯弱。

②穿窬（音俞）：穿洞翻牆，指偷盜行為。窬：通「踰」。

【譯文】

孔子說：「有一種人表面上顯得很威嚴，而內心裡却很怯弱，如果用小人來作比喻，大概就像那穿洞翻牆的小偷吧？」

【原文】

子曰：「鄉原①，德之賊也。」

【注釋】

①鄉原：指鄉里那些言行不符、欺世盜名、沽名釣譽的偽君子，這種人貌似忠厚仁義，實則與世俗同流合污，品行低劣。原：通「愿」。

【譯文】

孔子說：「鄉愿，是破壞道德的人。」

【原文】

子曰：「道聽而塗說，德之棄也。」

【譯文】

孔子說：「在路上聽到傳言就到處去傳播，這是道德所唾棄的。」

【原文】

子曰：「鄙夫①可與事君也與哉？其未得之也，患得之②。既得之，患失之。苟患失之，無所不至矣。」

【注釋】

①鄙夫：指品德庸俗低劣的人。

②患得之：根據下文來看，當為「患不得之」。

【譯文】

孔子說：「那種鄙夫，怎能同他一起事奉君主呢？他沒有得到官職的時候，就擔心得不到。他得到官職後，又擔心失去。如果擔心失去官職，那就什麼事都幹得出來了。」

【原文】

子曰：「古者民有三疾，今也或是之亡也。古之狂也肆，今之狂也蕩；古之矜也廉[1]，今之矜也忿戾；古之愚也直，今之愚也詐而已矣。」

【注釋】

①廉：棱角，比喻人方正峭厲，難以接近。

【譯文】

孔子說：「古代人有三種毛病，現在呢，或許沒有那個樣子的毛病了。古代的狂人只是不拘小節，現在的狂人則放蕩越禮；古代矜持的人只是有點難以接近，現在矜持的人則蠻橫無禮；古代的愚人不過是直率一些，現在的愚人就只有欺詐罷了。」

【原文】

子曰：「巧言令色，鮮矣仁。」

【注釋】

本章內容與《學而篇第一》第三章相重，參前註譯。

【原文】

子曰：「惡紫之奪朱[1]也，惡鄭聲之亂雅樂也，惡利口之覆邦家者。」

【注釋】

①紫之奪朱：指紫色取代了朱色充任正色。古代以朱為正色，紫為雜色，春秋時一些諸侯國國君以穿紫色衣服為時尚，漸以紫色為貴，取代了朱色的地位。

【譯文】

孔子說：「我厭惡以紫色取代朱色，厭惡鄭國的音樂擾亂了典雅的正音，厭惡那些以巧嘴利舌顛覆國家的人。」

【原文】

子曰：「予欲無言。」子貢曰：「子如不言，則小子何述焉？」子曰：「天何言哉？四時行焉，百物生焉，天何言哉？」

【譯文】

孔子說：「我不想再說話了。」子貢說：「先生如果不說話，那麼我們學生還傳述什麼呢？」孔子說：「天何時說過話？四季照樣運行，百物照樣生長，天何時說過話呢？」

【原文】

孺悲[①]欲見孔子，孔子辭以疾。將命者出戶，取瑟而歌，使之聞之。

【注釋】

①孺悲：魯國人，魯哀公曾派他向孔子學禮。

【譯文】

孺悲想見孔子，孔子以生病為由推辭不見。當傳話的人走出房門，孔子便取來瑟邊彈邊唱，故意使孺悲聽到。

孔子聖蹟圖．瑟儆孺悲

【原文】

宰我問：「三年之喪，期已久矣。君子三年不為禮，禮必壞；三年不為樂，樂必崩。舊穀既沒，新穀既升，鑽燧改火①，期②可已矣。」

子曰：「食夫稻③，衣夫錦，於女安乎？」

曰：「安。」

「女安，則為之！夫君子之居喪，食旨不甘，聞樂不樂，居處④不安，故不為也。今女安，則為之。」

宰我出，子曰：「予之不仁也！子生三年，然後免於父母之懷。夫三年之喪，天下之通喪也。予也有三年之愛於其父母乎？」

【注釋】

①鑽燧：古人鑽木取火的方法。燧：取火之木。改火：四季取火的木頭不同，每年輪一遍，稱改火。

②期：一週年。

③稻：古代北方少種大米，故大米很珍貴，所以居喪期間不食用。
④居處：這裡指住在平日住的房子裡。古代父母之喪，孝子要另築草廬而居。

【譯文】

宰我問道：「父母去世後要服喪三年，時間太長了。君子三年不習禮儀，禮儀一定會廢棄；君子三年不奏音樂，音樂一定會亡失。陳穀已經吃完，新穀已經登場，取火之木的更換也輪過了一遍，居喪一年也就可以了。」

孔子說：「居喪不到一年你就吃稻米，穿錦衣，你會心安嗎？」

宰我說：「心安。」

孔子說：「你既心安，就那麼去做吧！君子居喪時，吃美味不覺得香甜，聽音樂不覺得快樂，住在家裡不覺得安適，所以不那麼做。如今你覺得心安，就那麼去做吧。」

宰我退出，孔子說：「宰予真是不仁啊！兒女出生後，三年後才能離開父母的懷抱。為父母守孝三年，那是天下通行的喪禮。宰予對他的父母難道沒有三年的愛嗎？」

【原文】

子曰：「飽食終日，無所用心，難矣哉！不有博弈①者乎？為之，猶賢②乎已。」

【注釋】

①博弈：局戲和圍棋兩種遊戲。
②賢：勝過。

【譯文】

孔子說：「整天吃飽了飯，什麼事都不用心，難有出息啊！不是有擲骰子下圍棋的遊戲嗎？幹這些事情，也比什麼都不幹還來得好。」

【原文】

子路曰：「君子尚勇乎？」子曰：「君子義以為上。君子有勇而無義為亂，小人有勇而無義為盜。」

【譯文】

子路問：「君子崇尚勇敢嗎？」孔子說：「君子以義為最高尚的品德。如果君子只有勇而無義，就會犯上作亂；如果小人只有勇而無義，就會成為強盜。」

【原文】

子貢曰：「君子亦有惡乎？」子曰：「有惡。惡稱人之惡者，惡居下流而訕①上者，惡勇而無禮者，惡果敢而窒②者。」

曰：「賜也亦有惡乎？」「惡徼③以為知者，惡不孫以為勇者，惡訐④以為直者。」

【注釋】

①訕（音善）：誹謗。
②窒：阻塞不通，指固執而不通事理。
③徼：竊取，抄襲。
④訐（音杰）：揭發別人的隱私。

【譯文】

子貢說：「君子也有所憎惡嗎？」孔子說：「有憎惡的事。憎惡散佈別人壞處的人，憎惡身居下位而誹謗位高者的人，憎惡勇敢而不知禮的人，憎惡果敢而頑固不化的人。」

孔子接著問道：「賜，你也有憎惡的事嗎？」子貢說：「我憎惡抄襲別人却自以為聰明的人，憎惡不懂得謙遜却自以為勇敢的人，憎惡揭發別人的隱私却自以為正直的人。」

【原文】

子曰：「唯女子與小人為難養也。近之則不孫，遠之則怨。」

【譯文】

孔子說：「只有女子和小人是最難相處的，親近他們，他們就會無禮；疏遠他們，他們就會怨恨。」

【原文】

子曰：「年四十而見惡焉，其終也已。」

【譯文】

孔子說：「到了四十歲還被人厭惡，這個人的一生是無望了。」

微子篇第十八

【原文】

微子①去之，箕子②為之奴，比干③諫而死。孔子曰：「殷有三仁焉。」

【注釋】

①微子：殷紂王的同母兄長，名啟，見紂王無道，勸阻無效後離去。
②箕子：殷紂王的叔父，屢諫紂王而不聽，便披髮裝瘋，被囚為奴。
③比干：殷紂王的叔父，屢次強諫，激怒紂王而被殺。

【譯文】

微子離開了，箕子成了奴隸，比干進諫被殺。孔子說：「殷朝有三位仁人。」

孔子聖蹟圖・因膰去魯

【原文】

柳下惠為士師[1]，三黜。人曰：「子未可以去乎？」曰：「直道而事人，焉往而不三黜？枉道而事人，何必去父母之邦？」

【注釋】

①士師：官職名，掌管律令刑獄。

【譯文】

柳下惠做士師，多次被罷免。有人說：「您不可以離開魯國嗎？」柳下惠說：「如果我堅守正道而事奉君主，到哪裡不會被多次罷免呢？如果按照邪道事奉君主，又何必一定要離開自己的父母之國呢？」

【原文】

齊景公待孔子，曰：「若季氏，則吾不能，以季、孟之間[1]待之。」

曰：「吾老矣，不能用也。」孔子行。

【注釋】

①季、孟之間：魯國三桓中，季氏為上卿，孟氏為下卿，所以有季、孟之間之說。

【譯文】

齊景公講到接待孔子的禮節時說：「像魯君對待季氏那樣來待孔子，我做不到，我只能用介於季氏和孟氏之間的待遇來對待他。」

後來他又說：「我老了，不能任用他了。」孔子便離開了齊國。

【原文】

齊人歸女樂，季桓子①受之，三日不朝。孔子行②。

【注釋】

①季桓子：魯國大夫季孫斯，魯定公時魯國實際執政者。

②行：指離開魯國。魯定公十三年，孔子時任魯國司寇，他辭職離開魯國，前往衛國。

【譯文】

齊國贈送給魯國許多歌妓舞女，季桓子接受了，多日不上朝理事，孔子便離開了魯國。

【原文】

楚狂接輿①歌而過孔子曰：「鳳兮！鳳兮！何德之衰②？往者不可諫，來者猶可追。已而！已而！今之從政者殆而！」

孔子下，欲與之言。趨而辟之，不得與之言。

【注釋】

①接輿：楚國一位裝作狂人的隱士，接輿不是他的本名，他因接孔子之

車輿，故有此稱。

②何德之衰：古人認為，天下有道時鳳凰才會出現，天下無道時就會隱去。這裡接輿以鳳凰喻孔子，諷刺他在天下無道時却不隱去，是一種德行衰敗的表現。

孔子聖蹟圖·楚狂接輿

【譯文】

楚國狂人接輿唱著歌從孔子的車旁走過，他唱道：「鳳凰呀！鳳凰呀！你的德行為什麼這樣的衰敗？以往的已經無法挽回，未來的還是可以補救的。罷了吧！罷了吧！今天的執政者都是些危殆不可救的人啊！」

孔子下車，想要和接輿交談。接輿快步避開，孔子沒能和他交談。

【原文】

長沮、桀溺耦而耕①，孔子過之，使子路問津焉。

長沮曰：「夫執輿②者為誰？」

子路曰：「為孔丘。」

曰：「是魯孔丘與？」

曰：「是也。」

曰：「是知津③矣。」

問於桀溺。

桀溺曰：「子為誰？」

曰：「為仲由。」

曰：「是魯孔丘之徒與？」

對曰：「然。」

曰：「滔滔者天下皆是也，而誰以④易之？且爾與其從辟人之士也，豈若從辟世之士哉？」耰⑤而不輟。

子路行以告，夫子憮然⑥曰：「鳥獸不可與同群，吾非斯人之徒與而誰與？天下有道，丘不與易也。」

【注釋】

①長沮、桀溺：兩位隱士，真實姓名和事迹不詳。耦而耕：兩人各執一耜，一起耕作。

②執輿：即執轡，手持馬韁繩。

③知津：這是諷刺孔子的話，意為孔子長期周遊列國，應該熟知渡口。

④以：與。

⑤耰（音憂）：用土覆蓋種子。

⑥憮然：悵然失落的樣子。

【譯文】

長沮和桀溺一起耕作，孔子從田邊經過，讓子路去問他們渡口在哪裡。

長沮說：「車上手持馬韁繩的那個人是誰？」

子路說：「是孔丘。」

長沮說：「是魯國的孔丘嗎？」

子路說：「是的。」

長沮說：「他自己就知道渡口在哪裡。」

子路又去問桀溺。

桀溺說：「你是誰？」

子路說：「我是仲由。」

桀溺說：「你是孔丘的弟子嗎？」

子路回答說：「是的。」

桀溺說：「天下已亂，好像滔滔的洪水，到處都是這樣，誰能改變得了呢？你與其跟著孔丘那種躲避壞人的人，還不如跟著我們這些避世隱居的人。」他一邊說，一邊不停地往種子上蓋土。

子路回來把這些話告訴孔子，孔子悵然若失地說：「人是不能與飛禽走獸合群共處的，如果不與世上的人待在一起，又能和誰待在一起呢？若天下有道，我也不會與你們一起來從事改革了。」

孔子聖蹟圖・子路問津

【原文】

子路從而後，遇丈人，以杖荷[1]。

子路問曰：「子見夫子乎？」

丈人曰：「四體不勤，五穀不分[2]，孰為夫子？」植其杖而芸[3]。

子路拱而立。

止子路宿，殺雞為黍而食之，見其二子焉。

明日，子路行以告。

子曰：「隱者也。」使子路返見之，至，則行矣。

子路曰：「不仕無義。長幼之節，不可廢也[4]；君臣之義，如之何其廢之？欲潔其身，而亂大倫。君子之仕也，行其義也。道之不行，已知之矣。」

【注釋】

①蓧（音吊）：用於除草的竹製農具。

②四體不勤，五穀不分：四肢不勞動，五穀也不能分辨。這是老人責備子路不參加農業生產，隨著孔子遠遊。一說是丈人說自己。

③植：樹立。芸：除草。

④長幼之節，不可廢也：丈人曾讓自己的兩個兒子出來與子路相見，這說明他還是重視長幼之間的禮節的。子路的一番感慨就是針對丈人的行為而發的。

【譯文】

子路跟隨孔子出行，落在了後面，遇到一位老人，用枴杖挑著除草的農具。

子路問道：「您看到我的老師了嗎？」

老人說：「你這人四肢不勞動，五穀都不能分辨，什麼人是你的老師啊？」說著，就把枴杖插在地上去除草了。

子路就拱著手恭敬地站在那裡。

晚上，老人留子路在他家裡住宿，殺雞做飯給子路吃，並讓自己的兩個兒子與子路相見。

第二天，子路趕上了孔子，把遇到老人的事告訴了孔子。

孔子說：「這是一位隱士。」讓子路再返回去見他，可再到老人家裡時，老人已經走了。

子路說：「不出來做官是不合義的。長幼之間的關係尚且不能廢棄，君臣之間的大義又怎能廢棄呢？你只想隱居以保持自身的高潔，卻是損壞了君臣大倫。君子出來做官，是為了實行君臣之義。至於道不能實行，這早就知道了。」

【原文】

逸民[1]：伯夷、叔齊、虞仲、夷逸、朱張、柳下惠、少連[2]。子曰：「不降其志，不辱其身，伯夷、叔齊與！」謂柳下惠、少連：「降志辱身矣，言中倫、行中慮，其斯而已矣。」謂虞仲、夷逸：「隱居放言[3]，身中清，廢中權。我則異於是，無可無不可。」

【注釋】

①逸民：遺佚於世的人。逸：同「佚」，散失，遺棄。

②虞仲、夷逸、朱張、少連四人的事迹不詳。

③放言：不談世事。

【譯文】

遺佚於世的人有：伯夷、叔齊、虞仲、夷逸、朱張、柳下惠、少連。孔子說：「不屈降自己的意志，不屈身受辱，這是伯夷、叔齊吧！」談起柳下惠、少連，又說：「他們雖然屈身受辱，但說話合於倫理，行為合於人心，也就這樣罷了。」談起虞仲、夷逸，又說：「他們隱居不談世事，自身保持高潔，廢棄世事也合乎權變的道理。我則不同於這些人，沒有什麼可以，也沒有什麼不可以。」

【原文】

大師摯適齊[1]，亞飯[2]干適楚，三飯繚適蔡，四飯缺適秦，鼓方叔入於河[3]，播鼗武入於漢[4]，少師陽[5]、擊磬襄[6]入於海。

【注釋】

①大師：即太師，魯國樂官之長。摯：人名。

②亞飯：古代天子諸侯吃飯時都要奏樂，每次所奏音樂各異，亞飯即第二次進食時奏樂的樂師。以下三飯、四飯也因此得名。干、繚、缺皆為人名。

③鼓：擊鼓的樂師。方叔：人名。
④播：搖。鼗（音逃）：小鼓。武：人名。
⑤少師：樂官名。陽：人名。
⑥襄：人名。

【譯文】

太師摯去了齊國，亞飯樂師干去了楚國，三飯樂師繚去了蔡國，四飯樂師缺去了秦國，擊鼓的方叔到黃河一帶地方去了，搖小鼓的武到漢水一帶地方去了，少師陽和擊磬的襄都到了海濱。

【原文】

周公謂魯公①曰：「君子不施②其親，不使大臣怨乎不以③。故舊無大故④，則不棄也。無求備於一人。」

【注釋】

①魯公：周公旦之長子伯禽，封於魯。
②施：通「弛」，怠慢，疏遠。
③以：用。
④大故：嚴重的過失。

【譯文】

周公對魯公說：「君子不疏遠自己的親族，不使大臣怨恨自己沒被任用。老臣故友如果沒有嚴重的過錯，就不要拋棄他們。不要對某一個人求全責備。」

【原文】

周有八士：伯達、伯適、仲突、仲忽、叔夜、叔夏、季隨、季騧①。

【注釋】

①八人事迹不詳。

【譯文】

周朝有八位賢士：伯達、伯適、仲突、仲忽、叔夜、叔夏、季隨、季䯄。

子張篇第十九

【原文】

子張曰：「士見危致命，見得思義，祭思敬，喪思哀，其可已矣。」

【譯文】

子張說：「士人遇到危險時能獻出生命，見有所得時能考慮是否合乎義，祭祀時便考慮是否恭敬，居喪時便考慮是否哀傷，這樣就可以了。」

【原文】

子張曰：「執德不弘，信道不篤，焉能為有？焉能為亡？」

【譯文】

子張說：「持守道德却不能發揚光大，信仰大道却不忠實堅定，這樣的人怎能算他有？又怎能算他沒有？」

【原文】

子夏之門人問交於子張。子張曰：「子夏云何？」

對曰：「子夏曰：『可者與之，其不可者拒之。』」

子張曰：「異乎吾所聞。君子尊賢而容眾，嘉善而矜①不能。我之大賢與，於人何所不容？我之不賢與，人將拒我，如之何其拒人也？」

【注釋】

①矜：憐憫。

【譯文】

子夏的學生請教子張怎樣交友。子張說：「子夏怎麼說的？」

子夏的學生回答說：「子夏說：『可以相交的就與他為友，不可相交的就拒絕與他為友。』」

子張說：「我所聽到的與此不同。君子尊重賢人，又能容納眾人；能稱讚善人，又能憐憫能力差的人。我若是個大賢，對什麼人不能容納呢？我若是個不賢的人，別人就會拒絕我，我怎麼可能去拒絕別人呢？」

【原文】

子夏曰：「雖小道①，必有可觀者焉，致遠恐泥②，是以君子不為也。」

【注釋】

①小道：指各種農工商醫卜之類的技能。

②泥：阻滯，不通。

【譯文】

子夏說：「即使是些小的技藝，也一定有可取的地方，但對於從事遠大的事業恐怕有所妨礙，所以君子不從事小技藝。」

【譯文】

子夏曰：「日知其所亡，月無忘其所能，可謂好學也已矣。」

【注釋】

子夏說：「每天學到一些過去所不知道的知識，每月都不忘記已經學會的知識，這樣可以叫作好學了。」

【原文】

子夏曰：「博學而篤志[1]，切問而近思[2]，仁在其中矣。」

【注釋】

①篤志：堅定自己的意志。一說「志」同「識」，篤志乃強記之義。

②切問：指問一些自己學習而有沒有弄懂的問題，不要泛問。近思：指考慮一些自己當前要辦而沒有辦到的事，不要不切實際地遠思。

【譯文】

子夏說：「廣博地學習，並能堅守志趣，問與自己所學切近的問題，思考當前的事，仁德就在其中了。」

【原文】

子夏曰：「百工居肆以成其事[1]，君子學以致其道。」

【注釋】

①百工：各行各業的工匠。肆：古代製作物品的作坊。

【譯文】

子夏說：「百工居於作坊來完成自己的工作，君子通過學習來獲得道。」

【原文】

子夏曰：「小人之過也必文。」

【譯文】

子夏說：「小人有了過錯必定會掩飾。」

【原文】

子夏曰：「君子有三變：望之儼然，即之也溫，聽其言也厲。」

【譯文】

子夏說：「君子有三個變化的形象：遠望他，樣子莊重威嚴；接近他，樣子和藹可親；聽他說話，義正詞嚴。」

【原文】

子夏曰：「君子信，而後勞其民；未信，則以為厲[①]己也。信而後諫；未信，則以為謗己也。」

【注釋】

①厲：虐害，欺壓。

【譯文】

子夏說：「君子先獲得百姓的信任，然後再使喚他們；如果沒有取得信任就使喚，百姓就會以為是虐害他們。君子要在取得君主的信任後再去進諫，沒有取得信任時就去進諫，君主就會以為你是誹謗他。」

【原文】

子夏曰：「大德不踰閑[①]，小德出入可也。」

【注釋】

①閑：柵欄等阻隔物，這裡指界限。

【譯文】

子夏說：「大的德行不可踰越界限，小的德行有些出入是可以的。」

【譯文】

子游曰：「子夏之門人小子，當灑掃應對進退，則可矣，抑末也。本之則無，如之何？」

子夏聞之，曰：「噫，言游過矣！君子之道，孰先傳焉？孰後倦焉？譬諸草木，區以別矣。君子之道，焉可誣也？有始有卒者，其惟聖人乎！」

【譯文】

子遊說：「子夏的那些學生，讓他們做些灑水掃地和迎送賓客的事，那還是可以的，但這些不過是細枝末節罷了。至於根本的道理却沒有學到，這怎麼行呢？」

子夏聽說後，說：「唉，子遊錯了！君子之道，哪裡有規定什麼內容一定要先傳授？哪些內容放在後面傳授就是倦於教誨了？各個弟子的學業情況其實就像草木，都是要分類區別的。君子之道，怎麼可以隨意歪曲？能夠有始有終由大到小按照次序教授學生的，大概只有聖人吧！」

【原文】

子夏曰：「仕而優則學，學而優則仕。」

【譯文】

子夏說：「做官有餘力便去學習，學習有餘力便去做官。」

【原文】

子游曰：「喪致[①]乎哀而止。」

【注釋】

①致：極致。

【譯文】

子遊說：「居喪時，內心表現出十足的悲哀也就可以了。」

【原文】

子游曰：「吾友張也，為難能也，然而未仁。」

【譯文】

子遊說：「我的朋友子張可以說是難能可貴了，然而還沒有達到仁。」

【原文】

曾子曰：「堂堂①乎張也，難與並為仁矣。」

【注釋】

①堂堂：形容容貌儀表壯偉有氣派，這裡指子張為學只講外表，不重視內心的道德修養。

【譯文】

曾子說：「子張的學問表面上很堂皇，難以和他共行仁道。」

【原文】

曾子曰：「吾聞諸夫子：人未有自致者也，必也親喪乎！」

【譯文】

曾子說：「我聽老師說過：一個人平時的感情不會主動地充分表露出來，如果有，一定是在父母去世的時候吧！」

【原文】

曾子曰：「吾聞諸夫子：孟莊子①之孝也，其他可能也，其不改父之臣與父之政，是難能也。」

【注釋】

①孟莊子：魯國大夫仲孫速，其父仲孫蔑，即孟獻子，有賢名。

【譯文】

曾子說：「我聽老師說過：孟莊子的孝，其他方面別人可以做到，而他不更換父親的舊臣，不改變父親所實行的政事，這是很難做到的。」

【原文】

孟氏使陽膚①為士師，問於曾子。曾子曰：「上失其道，民散久矣。如得其情，則哀矜而勿喜。」

【注釋】

①陽膚：曾子的學生。

【譯文】

孟氏任命陽膚做典獄官，陽膚向曾子請教。曾子說：「居上位的人偏離了正道，民心離散已經很久了。你如果能瞭解百姓犯罪的實情，就應該哀憐他們，而不要以為對他們做到了依法治罪，就沾沾自喜！」

【原文】

子貢曰：「紂①之不善，不如是之甚也。是以君子惡居下流②，天下之惡皆歸焉。」

【注釋】

①紂：商朝末代君主，名辛，「紂」是他的諡號，歷代以來被認為是一個暴君。

②下流：地勢低窪各處來水彙集的地方，比喻惡名歸集的地位。

【譯文】

子貢說：「紂王的不善，也不像傳說的那樣厲害。所以君子厭惡處於下流之地，以致天下一切壞名聲都歸到他的身上。」

【原文】

子貢曰：「君子之過也，如日月之食焉。過也，人皆見之；更也，人皆仰之。」

【譯文】

子貢說：「君子的過失，就好比日食月食。有過失的時候，人人都看得見；改正的時候，人人都仰望著。」

【原文】

衛公孫朝①問於子貢曰：「仲尼焉學？」子貢曰：「文武之道，未墜於地，在人。賢者識其大者，不賢者識其小者。莫不有文武之道焉。夫子焉不學？而亦何常師之有？」

【注釋】

①公孫朝：衛國大夫。

【譯文】

衛國公孫朝問子貢說：「仲尼的學問是從哪裡學來的？」子貢說：「周文王周武王之道，並沒有失傳，還存在人間。賢者認識到它的大處，不賢者認識到它的小處。文王武王之道無處不在。我的老師何處不能學習？又何必要有個固定的傳授之師呢？」

【原文】

叔孫武叔①語大夫於朝曰：「子貢賢於仲尼。」

子服景伯以告子貢。

子貢曰：「譬之宮牆②，賜之牆也及肩，窺見室家之好。

夫子之牆數仞[3]，不得其門而入，不見宗廟之美，百官[4]之富。得其門者或寡矣。夫子之云，不亦宜乎！」

【注釋】

①叔孫武叔：魯國大夫，名州仇。

②宮：牆。宮牆：圍牆。

③仞：古代長度單位，一仞為七尺，或說八尺。

④官：這裡指房舍。

【譯文】

叔孫武叔在朝廷上對大夫們說：「子貢比仲尼更優秀。」

子服景伯把這話告訴了子貢。子貢說：「拿圍牆來作比方，我家的圍牆只有齊肩高，人們可以直接望見牆內房屋的美好。我老師的圍牆卻高達數仞，如果找不到大門進去，就不能看見宗廟的華美和房舍的富麗。而能找到大門的人或許不多吧。叔孫武叔那麼說，不也是很自然嗎？」

【原文】

叔孫武叔毀仲尼。子貢曰：「無以為也！仲尼不可毀也。他人之賢者，丘陵也，猶可逾也。仲尼，日月也，無得而逾焉。人雖欲自絕，其何傷於日月乎？多[1]見其不知量也。」

【注釋】

①多：只是。

【譯文】

叔孫武叔誹謗仲尼。子貢說：「這樣做沒有用的！仲尼是誹謗不了的。別人的賢德就好比是丘陵，還可以踰越。仲尼的賢德就好比是日月，不可踰越。即使有人要自絕於日月，那對日月又有什麼損害呢？只是顯出他的不自量罷了。」

【原文】

陳子禽謂子貢曰：「子為恭也，仲尼豈賢於子乎？」

子貢曰：「君子一言以為知，一言以為不知，言不可不慎也。夫子之不可及也，猶天之不可階而升也。夫子之得邦家者，所謂立之斯立，道之斯行，綏之斯來，動之斯和。其生也榮，其死也哀，如之何其可及也？」

【譯文】

陳子禽對子貢說：「你太恭謙了吧，難道仲尼真比你優秀嗎？」

子貢說：「君子可由一句話顯出他的聰明，也可由一句話顯出他的無知，所以出言不可不謹慎啊。我的老師是不可企及的，正像天不可用階梯攀升一樣。老師如果得國而為諸侯，或得封邑為卿大夫，那就會像人們說的那樣，教百姓立於禮，百姓就會立於禮；引導百姓，百姓就會跟著走；安撫百姓，百姓就會來歸附；動員百姓，百姓就會齊心協力。老師生而享有尊榮，死而令人哀痛，我怎麼能趕得上他呢？」

堯曰篇第二十

【原文】

堯曰：「咨① ！爾舜！天之曆數②在爾躬，允③執其中。四海困窮，天祿永終。」

舜亦以命禹。

曰：「予小子履敢用玄牡④，敢昭告於皇皇后帝⑤：有罪不敢赦。帝臣不蔽，簡⑥在帝心。朕⑦躬有罪，無以萬方。萬方有罪，罪在朕躬。」

周有大賚[8]，善人是富。「雖有周親[9]，不如仁人。百姓有過，在予一人。」

謹權量[10]，審法度[11]，修廢官，四方之政行焉。興滅國，繼絕世，舉逸民，天下之民歸心焉。

所重：民、食、喪、祭。

寬則得眾，信則民任焉[12]，敏則有功，公則說。

【注釋】

①咨：感嘆詞，表歎賞之意。
②曆數：帝王傳承的次序。
③允：真誠，誠信。
④履：商湯的名字。玄牡：黑色的公牛。
⑤后帝：天帝。
⑥簡：閱，審察。
⑦朕：我。從秦始皇起，專用作帝王自稱。
⑧賚（音賴）：封賞。
⑨周親：至親。
⑩權：秤錘，指輕重的標準。量：斗斛（音胡），指容積的標準。
⑪法度：指長度的標準。
⑫信則民任焉：這是一句衍文，所以有的版本將此句刪去。

【譯文】

堯說：「嘖嘖！舜啊！上天所定的帝王列位已經傳到你身上了，要忠實地保持那正道。如果四海的百姓困苦貧窮，上天賜予你的祿位也就永遠終止了。」

舜也以同樣的話告誡禹。

商湯說：「我小子履謹用黑色的公牛祭祀，向莊嚴偉大的天帝禱告：有罪的人我不敢擅自赦免。對於天帝臣僕的善惡，我也不敢隱瞞掩蓋，天帝心中自是明察一切。我若有罪，不要牽連天下萬方的百姓。天下萬方的百姓有罪，我願一人承擔。」

周朝廣封諸侯，使善人都富貴起來。周武王說：「我雖有至親，但不如有仁人。百姓如有過失，都在我一人身上。」

謹慎地審定度量衡，修復廢棄不全的官職，四方的政令就通行了。恢復滅亡的國家，接續已經斷絕了的家族，舉用被遺落的賢才，天下的百姓就會誠心歸服了。

所重視的是：人民、糧食、喪禮、祭祀。

寬厚就能得到眾人的擁護，誠信就能得人任用，勤敏就能取得成績，公平就會使百姓高興。

【原文】

子張問於孔子曰：「何如斯可以從政矣？」

子曰：「尊五美，屏①四惡，斯可以從政矣。」

子張曰：「何謂五美？」

子曰：「君子惠而不費，勞而不怨，欲而不貪，泰而不驕，威而不猛。」

子張曰：「何謂惠而不費？」

子曰：「因民之所利而利之，斯不亦惠而不費乎？擇可勞而勞之，又誰怨？欲仁而得仁，又焉貪？君子無眾寡，無小大，無敢慢，斯不亦泰而不驕乎？君子正其衣冠，尊其瞻視②，儼然人望而畏之，斯不亦威而不猛乎？」

子張曰：「何謂四惡？」

子曰：「不教而殺謂之虐；不戒視成謂之暴；慢令致期謂之賊；猶之③與人也，出納之吝謂之有司④。」

【注釋】

①屏：去除。

②瞻視：外觀，儀表。

③猶之：同樣。

④出納：支出。有司：管理某一具體事物的官吏，這裡指治理政事不能像有司處理具體事務那樣刻板瑣細。

【譯文】

子張問孔子說：「怎樣才可以治理政事？」

孔子說：「尊崇五種美德，去除四種惡政，這樣就可以從事政事了。」

子張問：「什麼是五種美德？」

孔子說：「君子給百姓以恩惠，自己卻無所耗費；使喚百姓，百姓卻不怨恨；追求仁德，卻不貪圖財利；莊嚴而不驕傲，威嚴而不凶猛。」

子張問：「怎樣叫作給百姓以恩惠，自己卻無所耗費？」

孔子說：「順著老百姓能夠得到利益的具體所在而使他們去做能得到利益的事，這不就是給百姓以恩惠，自己卻無所耗費嗎？選擇合適的時間讓老百姓去勞動，那還會有誰怨恨呢？自己要追求仁德便得到了仁，又貪求什麼呢？君子出仕，無論人多人少，勢力大小，都不敢怠慢，這不就是莊嚴而不驕傲嗎？君子衣冠整潔，儀容莊嚴，莊重的神情使人望而生畏，這不也是威嚴而不凶猛嗎？」

子張說：「什麼是四種惡政？」

孔子說：「不先教育就加以殺戮叫作虐；不先告誡便要求成功叫作暴；隨便下命令卻要求限期完成叫作賊；同樣是給人財物，卻出手吝嗇，這是具體辦事人員的作派。」

【原文】

子曰：「不知命，無以為君子也。不知禮，無以立也。不知言，無以知人也。」

【譯文】

孔子說：「不懂天命，就不能做君子。不知禮，就不能立身處世。不能辨別言語的是非，就不能瞭解人。」

大學

大學

《大學》原為《禮記》第四十二篇。宋朝程顥、程頤兄弟把它從《禮記》中抽出，編次章句。朱熹將《大學》《中庸》《論語》《孟子》合編註釋，稱為「四書」，從此《大學》成為儒家經典。

至於《大學》的作者，史無明文記載，程顥、程頤認為是「孔氏之遺言也」。朱熹考定為孔子的學生曾子所作，後人多從其說。清代有學者提出為漢儒所作的觀點，但因證據不足，未被人們普遍接受。故本書沿用朱子舊說，以為曾子所作。

朱熹把《大學》重新編排整理，分為「經」一章，「傳」十章。認為，「經一章蓋孔子之言，而曾子述之；其傳十章，則曾子之意而門人記之也。」就是說，「經」是孔子的話，曾子記錄下來；「傳」是曾子解釋「經」的話，由曾子的學生記錄下來。經文是《大學》的總綱，也是《大學》的宗旨，具有統攝全書的重要作用，是其餘各章的根據，而傳文十章是曾子對孔子的經文作出的闡釋和發揮。

「大學」，顧名思義，就是大學（又稱太學，古代全國最高學府）裡所講授的博大而精深的聖王之學，是有關政治、哲理的學問。據傳在周代，貴族子弟八歲入小學，學習治理政事的理論。漢代鄭玄說：「大學者以其記博學可以為政也。」朱熹說：「大學者，大人之學也。」

經　文

【原文】

大學之道[①]，在明明德[②]，在親民[③]，在止於至善[④]。

知止而後有定[⑤]，定而後能靜，靜而後能安，安而後能慮，慮而後能得[⑥]。

物有本末[⑦]，事有終始。知所先後，則近道[⑧]矣。

【注釋】

①大學：即「太學」，是相對小學而言。是說它不是講「詳訓詁，明句讀」的「小學」，而是講治國安邦的「大學」。道：本義指道路。在中國古代政治、哲學裡，「道」有時指宇宙萬物的本源，有時指原則、規律，有時指一定的世界觀、政治觀或思想體系，有時指方法、辦法。這裡指宗旨，具體的教育方針。

②前一個「明」：動詞，使彰明。明德：光明的德性。儒家認為，人生來具有善良的德行，即明德。後天因為受到物質利益的矇蔽，個人褊狹氣質的拘束，明德受到壓抑。所以要經過教育，使明德顯露出來。

③親民：據下文，應為「新民」。新：動詞，革新，即去舊圖新，棄惡從善。

④止於：達到。至：極，最。

⑤止：名詞，所止之地，即「至善」。定：確定的方向。

⑥得：指有所收穫，達到「至善」。

⑦本末：樹木的根部與梢部，引申為事物的根本與枝節之間的關係。

⑧道：即「大學之道」。

【譯文】

大學的宗旨，在於發揚人心固有的光明的德性，在於革新人們的不良習俗，在於使人們達到最完美的道德境界。

知道了應該達到的境界，然後才能有堅定的志向；有了堅定的志向，然後才能鎮靜不躁；鎮靜不躁，然後才能安然不亂；安然不亂，然後才能思慮周詳；思慮周詳，然後才能有所收穫。

萬物皆有本有末，凡事亦有始有終。知道了本、末與終、始的先後次序，也就接近於修養和學習「大學之道」的方法了。

【原文】

古之欲明明德於天下者，先治其國①；欲治其國者，先齊其家②；欲齊其家者，先修其身；欲修其身者，先正其心；欲正其心者，先誠其意；欲誠其意者，先致其知③。致知在格物④。

物格而後知至，知至而後意誠，意誠而後心正，心正而後身修，身修而後家齊，家齊而後國治，國治而後天下平。

自天子以至於庶人⑤，壹⑥是皆以修身為本。其本亂而末治⑦者，否⑧矣。其所厚者薄，而其所薄者厚，未之有也。

【注釋】

①國：邦國。周代實行分封制，天子將部分土地連同百姓分封給宗族、功臣，被封者稱諸侯，諸侯的封地叫作「國」。

②齊其家：治理家族，使家族齊心協力，和睦相處。周朝的貴族階層實行封建宗法制，組成以血緣為紐帶的家族，不同於現代意義上的「家」或者「家庭」。

③致其知：使認識達到極點，即認識明確。致：求得，達到。

④格物：朱熹云：「言欲致吾之知，在即物而窮其理也。」窮究物理之意。格：明辨，領悟。物：儒家的哲學觀念，指事物的「理」。

⑤庶人：西周以後稱農業生產者。秦以後泛指沒有官爵的平民。

⑥壹：全都。

⑦末治：指家族安定，邦國大治。

⑧否：不可能。

【譯文】

古代那些想要在天下發揚光明德性的人，必須先治理好他的邦國；

要治理好邦國，必須先安定好自己的家族；要安定好家族，必須先修養好自身的品德；要修養好品德，必須先端正自己的心思；要端正心思，必須先使自己意念真誠；要使意念真誠，必須先要有明確的認識。獲得明確認識的方法，在於學習和研究事物的道理。

學習和研究事物的道理以後，才能有明確的認識；有了明確的認識，意念才能真誠；意念真誠，心思才能端正；心思端正，才能修養好自身的品德；自身品德修養好了，才能安定好家族；家族安定好了，才能治理好邦國；邦國治理好了，天下才能太平。

上至天子，下至平民，人人都要以修養自身的品德為根本。一個人，他的根本已亂而枝末卻能治理好，這是不可能的。正如他所尊重的人卻對他輕蔑，他所輕蔑的人卻對他尊重，這樣的事是從來沒有的。

附朱子提示

【原文】

右經①一章，蓋孔子之言，而曾子述之。其傳②十章，則曾子之意而門人記之也。舊本頗有錯簡，今因程子③所定，而更考經文，別為序次如左。

【注釋】

①經：經典。漢代開始將孔子以及體現了儒家思想的著作稱為經或經典。

②傳：對於經書的解釋。

③程子：即程頤，字正叔，洛陽人，世稱伊川先生。宋代唯心主義理學家。

【譯文】

上面是「經」一章，是孔子的言論，由曾子口述。十章「傳」，是曾子的見解，由他的學生記錄下來。古本多有錯亂，現依據程子訂正，再考證經書，分出章節次序如下：

第一章：釋「明明德」

【原文】

《康誥》①曰：「克明德②。」《大甲》③曰：「顧天之明命④。」《帝典》⑤曰：「克明峻德⑥。」皆自明也。

【注釋】

①《康誥》：《尚書・周書》中篇名，是周公封其弟康叔為衛侯時的誥命。《尚書》是中國上古歷史文件和部分追述古代事迹著作的彙編。分為《虞書》《夏書》《商書》《周書》四部分。漢代以後，學者將其列為「五經」之一。

②克明德：《康誥》原句為：「惟乃丕顯考文王，克明德慎罰。」是周成王讚揚文王的話，意在勉勵康叔能以文王為榜樣。克：能夠。

③《大甲》：即《太甲》，《尚書・商書》中篇名，分上、中、下三篇，相傳為記錄伊尹告誡商王太甲以及太甲的往復之辭，這裡指的是《太甲上》。太甲是商湯的嫡長孫，伊尹是商初輔政重臣。

④顧天之明命：《太甲》原句為：「伊尹作書曰：先王顧天之明命，以承上下神祇。」史載，商王太甲不明於德，顛覆湯之典刑，故伊尹使太甲居憂於桐宮，要他反省思過，自己代攝國政。太甲居桐宮三年，悔過自新，於是伊尹又把他迎歸復位，終於成為賢王。這句就是伊尹告誡太甲的話。意謂：先王念念不忘上天授予的光輝命令。顧：顧念。：「是」的古字，此、這的意思。明命：光輝的命令，即明德。

⑤《帝典》：即《堯典》，《尚書・虞書》中篇名。主要記述堯、舜二帝的事迹。

⑥克明峻德：《堯典》原句為：「帝典曰若稽古帝堯……克明峻德，以親九族。」峻：即「俊」，高大，崇高。

【譯文】

《尚書・康誥》上說：「（周文王）能夠發揚光明的德性。」《尚書・太甲》上說：「（商湯）時常顧念上天賦予的光明德性。」《尚書・帝典》上說：「（帝堯）能夠發揚那偉大而崇高的德性。」以上所說，都在於引導人們能夠自覺地把自己內心所固有的光明德性得以彰顯和發揚。

第二章：釋「新民」

【原文】

湯之《盤銘》曰①：「苟日新②，日日新，又日新。」《康誥》曰：「作新民③。」《詩》④曰：「周雖舊邦⑤，其命維新⑥。」是故君子無所不用其極⑦。

【注釋】

①湯：商朝的開國君主成湯。盤：上古時用青銅製成的沐浴器皿。銘：古代刻在器皿上的文辭，後來演變為一種文體，稱銘文。《盤銘》：刻在浴盆上用以警戒自己的文辭。

②苟：如果。新：指洗滌身上的污垢，煥然一新。又引申指通過自身修養棄惡從善以達到自我更新之意。

③作新民：《康誥》原句為：「己，汝惟小子，乃服惟弘王，應保殷民。亦惟助王宅天命，作新民。」這是周成王告誡衛康叔之辭，意在指示康叔受封後要弘揚王業，保護殷民，助天子安定天命，引導人民自新。作：振作，鼓勵。新民：使民自新。

④《詩》：即《詩經》，我國最早的一部詩歌總集，收有周初至春秋時期的詩歌305篇。相傳經孔子刪定，漢代儒家把它列為「五經」之一。這裡的詩引自《詩經・大雅・文王》篇。

⑤周：周朝。舊邦：古老的國家。周自后稷開國，到周文王時代，立國已百餘年，故稱「舊邦」。

⑥其命：指周朝承受的天命。維：助詞。其命維新：指周文王能承受上天之命，不斷自新其德。

⑦君子：在儒學中有兩個意思。一是從道德上講，指具有高尚品德的人；二是從政治地位而言，指執政者及其政治思想代表。這裡「君子」當指後者，即執政者。極：頂點，最高境界。

【譯文】

湯的《盤銘》上說：「如果一天能夠自新，那麼就應該天天自新，新了還要繼續每天更新。」《康誥》上說：「鼓勵人民棄惡從善，改過自新。」《詩經・大雅・文王》篇說：「周雖然是個古老的邦國，但是它所承受的天命却在於不斷地自我更新。」所以統治者都盡一切努力去引導人民自新，以達到最完善的境界。

第三章：釋「止於至善」

【原文】

《詩》①云：「邦畿②千里，惟民所止③。」《詩》云④：「緡蠻黃鳥⑤，止于丘隅⑥。」子曰：「於止⑦，知其所止，可以人而不如鳥乎？」

《詩》⑧云：「穆穆文王⑨，于緝熙敬止⑩！」為人君，止於仁；為人臣，止於敬；為人子，止於孝；為人父，止於慈；與國人交，止於信。

《詩》⑪云：「瞻彼淇澳⑫，菉竹猗猗⑬。有斐⑭君子，如切如磋⑮，如琢如磨⑯。瑟兮僩兮⑰，赫兮喧兮⑱。有斐君子，終不可諠⑲兮！」「如切如磋」者，道學也。「如琢如磨」者，自修也。「瑟兮僩兮」者，恂慄⑳也。「赫兮喧兮」者，威儀也。「有斐君子，終不可兮」者，道盛德至善，民之不能忘也。

《詩》[21]云：「于戲[22]，前王[23]不忘！」君子賢其賢而親其親[24]，小人[25]樂其樂而利其利，此以沒世不忘也[26]。

【注釋】

①《詩》：以下詩句引自《詩經・商頌・玄鳥》。

②邦畿（音基）：指王畿地區。周朝實行封建制，先在天子所居的都城周圍劃定縱橫千裡的區域作為直屬於天子管轄的地區，稱為「王畿」，然後將其他土地分封給諸侯。

③惟：為。止：居住。

④《詩》：以下詩句引自《詩經・小雅・綿蠻》。

⑤緡蠻：黃鳥的叫聲。緡（音民）：《詩經》原文作「綿」。

⑥丘隅：山丘的曲深僻靜處。

⑦於：嘆詞。止：鳥要停止的時候。

⑧《詩》：以下詩句引自《詩經・大雅・文王》。

⑨穆穆：儀態美好，端莊恭敬的樣子。文王：周文王，姓姬，名昌。

⑩緝：繼續。熙：光明。敬止：端莊恭敬地安於所止之地。一說「止」為語氣助詞。

⑪《詩》：以下詩句引自《詩經・衛風・淇澳》。

⑫瞻：遠望。淇：淇水，衛國境內的河流，在今河南北部。澳：河岸轉彎處。

⑬菉（音錄）竹：《詩經》原文作「綠竹」。猗猗：形容植物光彩、茂盛的樣子。

⑭斐：文質彬彬，才華豐茂的樣子。

⑮切：用刀截斷，這裡指把骨頭切削成各種器物。磋：用銼銼平，這裡指把象牙磋製成各種器物。

⑯琢：用刀雕刻。磨：用沙石磨光。琢、磨都是指把玉石製成各種藝術品的過程。「如切如磋，如琢如磨」是比喻君子修身治學的精益求精。

⑰瑟：嚴肅莊重的樣子。僩（音現）：壯勇、威武的樣子。

⑱赫：顯耀。喧：通「烜」，盛大。

⑲諠（音宣）：《詩經》原文作「諼」，遺忘。

⑳恂慄：誠惶誠恐的樣子。

㉑《詩》：以下詩句引自《詩經·周頌·烈文》。
㉒于戲：同「嗚呼」，感嘆詞。
㉓前王：原詩指周文王和周武王，一般指前代君王。
㉔君子：指「前王」以後的君王。賢其賢：第一個「賢」作動詞，尊重，以為賢。第二個「賢」是名詞，指有德才的人。親其親：第一個「親」作動詞，親近，與之相親。第二個「親」是名詞，指親人。
㉕小人：在儒學中有兩個意思。一是從道德上講，指品德低劣的人；二是從政治地位而言，指平民。這裡「小人」當指後者，即平民。
㉖此以：因此。沒世：終身，永遠。

【譯文】

《詩經·商頌·玄鳥》上說：「王畿之地廣闊千里，是平民所嚮往居住的地方。」《詩經·小雅·綿蠻》上說：「黃鳥『緡蠻』地叫著，棲息在山丘的幽深僻靜處。」孔子說：「啊，鳥在要棲息的時候，都知道挑選合適的地方，難道人可以不如鳥嗎？」

《詩經·大雅·文王》上說：「莊重美好的文王啊，他不斷地光大先王之德，隨時能恭敬地安居於所止的至善境界。」作為國君，要做到仁義；作為人臣，要做到恭敬；作為子女，要做到孝順；作為父母，要做到慈愛；與國人相交，要做到講信用。

《詩經·衛風·淇澳》上說：「看那淇水彎彎的岸邊，青青的竹子生長得多麼光澤而茂盛。有位文質彬彬的君子，如加工骨器，不斷切磋，又如雕刻玉石，不斷琢磨。他的內心莊重而剛毅，他的形象盛大而光明。這樣文質彬彬的君子，真是讓人難忘啊！」所謂「如加工骨器，不斷切磋」，指的是他精益求精的治學態度；所謂「如雕刻玉石，不斷琢磨」，指的是他追求至善的自我修養的功夫；所謂「內心莊重而剛毅」，是說他具有嚴肅而謹慎的意志；所謂「形象盛大而光明」，是說他具有威武而爽朗的儀表；所謂「這樣文質彬彬的君子，真是讓人難忘啊」，是說他的道德修養達到了至善的境界，平民會牢記而不會忘。

《詩經·周頌·烈文》上說：「啊！前代的君王永遠不會被遺忘！」這是因為後世的君王能夠以前代的君王為榜樣，尊重賢才，親近親族；一般的平民也能得惠於前王遺留下來的恩澤，享受他們所創造的安樂，享受他們所遺留的利益。因此前王雖然去世，但人們永遠不會忘記他們。

第四章：釋「本末」

【原文】

子曰[①]：「聽[②]訟，吾猶人[③]也。必也使無訟乎！」無情[④]者，不得盡其辭，大畏民志[⑤]。此謂知本[⑥]。

【注釋】

①子曰：以下孔子的話引自《論語・顏淵》篇。
②聽：審理。
③猶人：與別人一樣。
④無情：理屈而沒有實情。
⑤民志：民心。
⑥本：根本的道理。

【譯文】

孔子說：「審理訴訟，我與別人一樣。我力求做到的還是使人們自覺以禮相待，不再發生訴訟！」（如何才能實現這一目標呢？）就是要使那些隱瞞實情的壞人不敢盡情地花言巧語，並且在內心裡十分恐懼。（要想取得這樣的效果，執政者必須自己做到「明明德」，然後推己及人，施行「新民」的教化，使百姓能夠自覺遵守道德規範，達到沒有訴訟。）這就叫作認識根本的道理。

第五章：釋「格物、致知」

【原文】

此謂知本[1]，此謂知之至也[2]。

【注釋】

①此謂知本：這句與上句末句重複，故程頤認為是衍文。

②此謂知之至也：朱熹認為本句上面原應有一段傳文，後來遺失。朱熹還進而推斷出所缺的一段應為解釋「格物致知」之義的傳文，於是他補作了一段，附於此句之後。按「此謂知本，此謂知之至也」兩句原在經文的末尾，朱熹將其抽出，列為「傳之五章」。

【譯文】

這就叫作認識根本的道理，這就叫作認識的頂點。

附朱子補傳

【原文】

右傳之五章，蓋釋格物、致知之義，而今亡[1]矣。間嘗竊取程子之意以補之曰[2]：所謂致知在格物者，言欲致吾之知，在其物而窮其理也[3]。蓋人心之靈，莫不有知[4]，而天下之物，莫不有理。惟於理有未窮，故其知有不盡也。是以《大學》始教，必使學者即凡於天下之物，莫不因其已知之理而益[5]窮之，以求至乎其極。至於用力之久，而一旦豁然貫通焉，則眾物之表、裡、精、粗無不到，而吾心之全體大用無不明矣[6]。此謂物格，此謂知之至也。

【注釋】

①亡：佚失。

②閒：閒暇時。竊取：私下採用。

③理：是儒家之「道」的精微化，宋明理學的最高範疇。

④知：認知能力。

⑤益：更加，進一步。

⑥體：本體。用：作用。「體」和「用」是中國哲學的一對重要範疇。

【譯文】

以上是「傳」文的第五章，大概是解釋「格物」「致知」的意義，然而如今已經佚失了。我閒來曾私下採用程子的觀點補足如下：所謂達到明確的認識在於窮究物理，意思是說，要想讓我們有明確的認識，就需要與外物接觸並探究其內在規律。一般來說，人的心都是靈巧的，無不具有認知的能力，而天下萬物無不具有一定的規律。只是由於人們對於萬物所包含的規律還沒有徹底弄清楚，所以人的認識還不完全。因此大學裡開始教育時，必須先教育學習的人在大凡在接觸天下萬物的時候，都要根據自己已經認識的道理，去進一步探究其規律，以期達到認識的極限。像這樣長久用功，終有一天會豁然開朗，並且融會貫通，那麼，萬物的現象和本質、精微與粗淺等道理就無不認識到了，而自己對於全面的本體和巨大的作用方面無不洞察明白。這就叫作萬物的規律盡被探索，這就叫作認識的頂點。

第六章：釋「誠意」

【原文】

所謂誠其意①者，毋②自欺也。如惡惡臭③，如好好色④，此之謂自謙⑤。故君子必慎其獨⑥也。

小人閒居為不善，無所不至。見君子而後厭然⑦，掩其不善，而著⑧其善。人之視己，如見其肺肝⑨然，則何益矣？

此謂誠於中[10]，形於外[11]。故君子必慎其獨也。

曾子曰[12]：「十目所視，十手所指，其嚴乎！」

富潤屋[13]，德潤身[14]，心廣體胖[15]。故君子必誠其意。

【注釋】

①誠其意：使意念真誠。

②毋：不要。

③惡惡臭：前一個「惡」為動詞，厭惡、討厭之意。惡臭：難聞的氣味。

④好好色：前一個「好」為動詞，喜愛、喜好之意。好色：美好的容貌。

⑤自謙：自求快意的滿足。謙：同「慊」，滿足，愜意。

⑥慎其獨：獨處時仍謹慎自己的言行。獨：獨處。

⑦厭然：躲藏掩飾的神態。

⑧著：顯明。

⑨見其肝肺：看到其內在的肝肺，比喻看穿。

⑩中：內心。

⑪形：表現。

⑫曾子：姓曾，名參，字子輿，春秋時魯國人，孔子弟子。

⑬潤屋：指裝飾房屋，使房屋更華麗。

⑭潤身：指增加修養，使思想更高尚。

⑮心廣：心胸寬廣。體胖：體貌安詳自然。胖：大，舒坦。

【譯文】

所謂使意念真誠，就是不要欺騙自己。對醜惡事物的憎恨，就像厭惡難聞的氣味一樣；對美好事物的喜愛，就像喜好美麗的容貌一樣。像這樣愛憎發自內心，就叫作自我滿足，心安理得。所以有道德的君子即使是在一個人獨處的時候，也必定非常謹慎。

那些道德修養不高的小人在閒居獨處的時候，就會做不善的事，而且什麼壞事都做得出。可當他們見到道德修養很高的君子時，就躲躲閃閃，竭力掩飾自己做過的不善的事，特地顯現自己做過的善事。殊不知，別人看你自己，好像能見到你的心肝五臟般看穿你。這樣看來，那些小人的偽裝又有什麼益處呢？這就是說，內在的真實德性，一定會在外表相應地表現出來。所以有道德的君子即使是在一個人獨處的時候，也必定非常謹慎。

曾子說：「個人的言論行動總是在群眾監督之下，就好像被十双眼睛注視著，被十隻手指點著，這難道不是很可怕嗎！」

財富可以裝飾房屋，品德能夠修養身心，一個人胸襟開闊，身體自然舒泰安康。所以君子一定要使自己的意念真誠。

第七章：釋「正心、修身」

【原文】

所謂修身在正其心者，身有所忿懥[1]，則不得其正；有所恐懼，則不得其正；有所好樂，則不得其正；有所憂患，則不得其正。

心不在焉[2]，視而不見，聽而不聞，食而不知其味。此謂修身在正其心。

【注釋】

①身：程頤認為當作「心」，即思想。忿懥（音剔）：憤怒。

②心不在焉：心思不端正，思想不集中。

所謂修養自身品德，首先在於端正自己的心思。這是因為：如果心有憤怒，那麼心態就不能端正；心有恐懼，心態就不能端正；心有喜好，心態就不能端正；心有憂患，心態就不能端正。

心思不端正，就像心不在自己身上一樣，雖然在看一樣的東西，卻像沒看見一樣；雖然在聽一種聲音，卻好像沒聽見一樣；雖然在吃一種食物，卻不知道它的滋味。這就是修養品德必須先端正心思的道理。

第八章：釋「修身、齊家」

【原文】

所謂齊其家在修其身者，人，之其所親愛而辟焉①，之其所賤惡而辟焉，之其所畏敬而辟焉，之其所哀矜②而辟焉，之其所敖③惰而辟焉。故好而知其惡，惡而知其美者，天下鮮④矣。

故諺有之曰：「人莫知其子之惡，莫知其苗之碩⑤。」此謂身不修不可以齊其家。

【注釋】

①之：對於。辟：偏激，偏見。
②哀矜（音斤）：同情，憐憫。
③敖：通「傲」，驕傲，傲慢。
④鮮：少。
⑤碩：大，壯，這裡指禾苗茁壯。

【譯文】

所謂要安定好家族，首先在於修養好自身的品德。這是因為：人對於所親近、熱愛的人常常會有所偏向；對於所鄙視、厭惡的人常常會有所偏向；對於所畏服、恭敬的人常常會有所偏向；對於所憐憫、同情的人常常會有所偏向；對於所傲視、怠慢的人常常會有所偏向。所以說，喜歡一個人而又同時認識到他的缺點，厭惡一個人而又同時認識到他的優點，能夠這樣中正公平地看待事物的人，是天下少有的。

所以有諺語說：「人皆偏愛其子女，故不知子女的壞毛病；農夫皆貪得無厭，故不會滿足莊稼的茁壯。」這就是不修養好自身的品德就不能安定好家族的道理。

第九章：釋「齊家、治國」

【原文】

所謂治國必先齊其家者，其家不可教，而能教人者，無之。故君子不出家而成教①於國。孝者，所以事君也；弟②者，所以事長也；慈者，所以使③眾也。

《康誥》曰：「如保赤子④。」心誠求之，雖不中⑤，不遠矣。未有學養子而後嫁者也。

【注釋】

①成教：實行教化成功。

②弟：同「悌」。指弟對兄所應有的尊敬態度。

③使：役使，統治。

④如保赤子：《尚書・周書・康誥》篇作「若保赤子」。這是周成王告誡衛康叔的話，意為保護平民如母親養護嬰兒。

⑤中：符合，達成目標。

【譯文】

所謂治理好邦國，首先要安定好自己的家族。這是因為：不能安定好自己的家族，却能教育好別人的人，是沒有的。所以君子只要把品德修養好了，家族也安定好了，即使不出家門，也能成功地向全國人民推行教化。對父母應盡的孝道，在政治上可以相應地用來侍奉國君；對兄長應盡的悌道，在政治上可以相應地用來侍奉尊長；對子女應有的慈愛，在政治上可以相應地用來統治民眾。

《尚書・康誥》上說：「（保護平民）要像保護嬰兒一樣。」內心真誠地去追求，即使達不到目標，相差也不會太遠。生活中沒有先學會養育孩子然後才出嫁的女人（出嫁後之所以能養育孩子，完全是出於母愛的一片真誠）。

【原文】

一家仁，一國興仁；一家讓[1]，一國興讓；一人貪戾[2]，一國作亂。其機[3]如此。此謂一言僨事[4]，一人定國。

堯、舜帥[5]天下以仁，而民從之；桀、紂帥天下以暴，而民從之；其所令，反其所好，而民不從。是故君子有諸己而後求諸[6]人，無諸己而後非諸人。所藏乎身不恕[7]，而能喻[8]諸人者，未之有也。故治國在齊其家。

【注釋】

①讓：謙恭，禮讓。

②貪戾：貪婪，暴戾。

③機：古代弩箭上的發動機關，意為關鍵。

④僨事：敗事。

⑤帥：率領，統治。

⑥諸：相當於「之於」。

⑦恕：恕道，是儒家的道德哲學範疇，意為自己不願意別人做的，也不去對別人做，儒家把這種推己及人的品德稱為「恕」。

⑧喻：使別人明白。

【譯文】

國君只要在自己一家中推行仁愛，那麼一國都會興起仁愛之風；國君在自己一家中推行禮讓，那麼一國都會興起禮讓之風；反之，國君一人貪婪暴戾，那麼一國的百姓都會起來犯上作亂。事物的關鍵就在於此。這就叫作一句話能讓事情敗壞，一個人能讓邦國安定。

堯、舜以仁愛統治天下，老百姓就跟隨著實行仁愛；桀、紂以凶暴統治天下，老百姓就跟隨著凶暴。統治者下達了政令，而他自己的所作所為卻與政令相反，那麼民眾是不會服從的。所以，道德高尚的君子總是自己先做到，然後才去要求別人做到，自己先不這樣做，然後才要求別人不這樣做。自己隱藏著不符合恕道的念頭，卻能曉諭別人實行恕道，那是從來不曾有過的事。所以要想治理好邦國，首先要安定好自己的家族。

【原文】

《詩》[1]云：「桃之夭夭[2]，其葉蓁蓁[3]。之子于歸[4]，宜[5]其家人。」宜其家人，而後可以教國人。

《詩》[6]云：「宜兄宜弟。」宜兄宜弟，而後可以教國人。

《詩》[7]云：「其儀不忒[8]，正是四國。」其為父子兄弟足法[9]，而後民法之也。

此謂治國在齊其家。

【注釋】

①《詩》：以下詩句引自《詩經・周南・桃夭》。

②夭夭：花開絢麗茂盛的樣子。

③蓁蓁：形容桃葉茂盛。

④之子：這位姑娘。于歸：指出嫁。

⑤宜：和順，和睦。這裡是使和睦的意思。

⑥《詩》：以下詩句引自《詩經・小雅・蓼蕭》。

⑦《詩》：以下詩句引自《詩經・曹風・鳲鳩》。

⑧儀：儀表，威儀。忒：差錯。

⑨法：傚法，以為榜樣。

【譯文】

《詩經・周南・桃夭》上說：「桃花開放絢麗多姿，它的葉子多麼茂盛。這美麗的姑娘今日要出嫁，一定會與全家人和睦相處。」與自己家族的人和睦相處了，然後才能教化國內人民。

《詩經・小雅・蓼蕭》上說：「敬重兄長，愛護幼弟。」家族內部兄弟之間和睦團結了，然後才能教化國內人民。

《詩經・曹風・鳲鳩》上說：「容貌舉止沒有差錯，可以作為四方各國的表率。」當一位國君無論是作為父親、兒子還是兄長、弟弟，他的行為品德都值得傚法時，然後人民才會去傚法他。

這就是要治理好邦國先要安定好家族的道理。

第十章：釋「治國、平天下」

【原文】

所謂平天下在治其國者，上老老①，而民興孝；上長長②，而民興弟；上恤孤，而民不倍③。是以君子有絜矩之道也④。

所惡於上，毋以使下；所惡於下，毋以事上；所惡於前，毋以先後；所惡於後，毋以從前；所惡於右，毋以交於左；所惡於左，毋以交於右。此之謂絜矩之道。

【注釋】

①老老：尊敬老人。前一個「老」是動詞，後一個「老」是名詞。

②長長：尊重長輩。前一個「長」是動詞，後一個「長」是名詞。

③倍：通「背」，違背。

④絜矩之道：儒家倫理思想之一，是一種處理人際關係的法則，其內容在於以推己度人為標尺，以求得人際關係的協調平衡。絜（音潔）矩：絜是量度，矩是畫方形的工具，引申為法度。

【譯文】

經文中說要平定天下，首先要治理好自己的國家。這是因為：居上位的人能尊敬老人，那麼舉國的平民都會孝順自己的父母；居上位的人能尊重長輩，那麼舉國的平民都會尊重自己的兄長；居上位的人能體恤救濟孤兒，那麼舉國的平民都會跟著去做，不會違背這一公德。因此，君子總是實行推己及人以協調平衡人際關係的絜矩之道。

如果你厭惡居上位的人對你的某種行為，那就不要用同樣的行為去驅使處下位的人；如果你厭惡處下位的人對你的某種行為，那就不要用同樣的行為去事奉居上位的人。如果你厭惡前面的人對你的某種行為，那就不要用同樣的行為去對待後面的人；如果你厭惡後面的人對你的某種行為，那就不要用同樣的行為去對待前面的人；如果你厭惡右邊的人對你的某種行為，那就不要用同樣的行為去和左邊的人結交；如果你厭惡左邊的人對你的某種行為，那就不要用同樣的行為去和右邊的人結交。這就叫作「絜矩之道」。

【原文】

《詩》[1]云：「樂只[2]君子，民之父母。」民之所好，好之；民之所惡，惡之。此之謂民之父母。

《詩》[3]云：「節[4]彼南山，維石岩岩[5]。赫赫師尹[6]，民具爾瞻[7]。」有國者不可以不慎，辟[8]，則為天下僇矣[9]。

《詩》[10]云：「殷之未喪師[11]，克配上帝。儀鑑[12]于殷，峻命[13]不易。」道得眾則得國，失眾則失國。是故君子先慎乎德。

有德此有人，有人此有土，有土此有財，有財此有用。德者，本也；財者，末也。外本內末，爭民施奪。是故財聚則民散，財散則民聚。是故言悖[14]而出者，亦悖而入；貨悖而入者，亦悖而出。

《康誥》曰：「惟命不于常[15]。」道善則得之，不善則失之矣。

【注釋】

①《詩》：以下詩句引自《詩經・小雅・南山有台》。

②只：語氣助詞。

③《詩》：以下詩句引自《詩經・小雅・節南山》。

④節：高大險峻的樣子。

⑤維：句首語氣詞。岩岩：山崖高峻的樣子。

⑥師尹：太師和史尹。太師：西周掌軍事大權的長官。史尹：西周文職大臣，卿士之首。

⑦具：通「俱」。爾瞻：即「瞻爾」，仰望著你。

⑧辟：邪僻，這裡指偏離儒家的道德規範。

⑨僇：同「戮」，本義是殺戮，這裡引申為推翻。

⑩《詩》：以下詩句引自《詩經・大雅・文王》。

⑪殷：即商朝。商朝從盤庚遷都到殷（今河南安陽）以後，即稱為殷或

殷商。喪師：喪失眾人，引申為失去民心。師：民眾。
⑫儀鑑：《詩經》原文作「宜鑑」，宜以……為鑑。
⑬峻命：大命，即「天命」。峻：大。
⑭悖：違背，這裡指違背正理。
⑮惟命不于常：意謂統治者如果不按「明德」行事，上天賦予的統治權就不能長久保留。惟：句首語氣詞。常：恒久不變，始終如一。

【譯文】

《詩經・小雅・南山有台》上說：「和善快樂的君子啊，是人民的父母。」人民所喜歡的，他也喜歡；人民所厭惡的，他也厭惡。這就叫作人民的父母。

《詩經・小雅・節南山》上說：「那巍峨高大的終南山，巨石高峻而聳巔。權勢顯赫的太師史尹，人民都在仰望著你。」所以，統治國家的人不可以不小心謹慎，稍有偏頗，就會被天下人推翻。

《詩經・大雅・文王》上說：「商朝還沒有喪失民心的時候，德行還是能夠與上天的要求相符的。請用商朝的滅亡作個借鑑，守住天命並非易事。」這就是說，得到民心就能得到國家，失去民心就會失去國家。所以國君首先要慎重地修養自己的品德。

（國君）有了良好的德行，才會有人民擁護；有人民擁護，才能占有廣闊的國土；占有了廣闊的國土，才會有充足的財富；有了充足的財富，才可供給國家的用度開支。由此可見，道德是治國的根本，財富是治國的枝末。如果表面雖講道德，而內心却唯財是圖，那就會與民爭利，並導致人民互相爭奪起來。所以，如果財富聚集在君王，那麼民心就會離散；如果財富散落民間，那麼民心就會凝聚。因此，如果君主的政令違背正理並公佈出去，人民就會以違背正理的行為來回報；君主如果違背正理地聚斂財富，財富也會違背正理地散失掉。

《尚書・康誥》上說：「天命並不是始終如一的。」這就是說，行善積德便會得到天命，不行善積德就會失去天命。

【原文】

《楚書》[①]曰：「楚國無以為寶，惟善以為寶[②]。」舅犯[③]

曰：「亡人[4]無以為寶，仁親以為寶。」

《秦誓》[5]曰：「若有一介臣，斷斷兮[6]，無他技，其心休休[7]焉，其如有容焉[8]。人之有技，若己有之；人之彥聖[9]，其心好之。不啻若自其口出[10]，實能容之，以能保我子孫黎民，尚亦有利哉！人之有技，媢疾[11]以惡之；人之彥聖，而違之，俾[12]不通。實不能容，以不能保我子孫黎民，亦曰殆哉！」唯仁人放流之，迸諸四夷[13]，不與同中國。此謂唯仁人為能愛人，能惡人。

見賢而不能舉，舉而不能先，命也[14]；見不善而不能退，退而不能遠，過也。好人之所惡，惡人之所好，是謂拂[15]人之性，災必逮[16]夫身。是故君子有大道，必忠信以得之，驕泰以失之。

【注釋】

①《楚書》：指《國語》中的《楚語》，記載的是春秋時期楚國的史事，凡二卷。

②「楚國」二句：參看《國語・楚語下》和劉向《新序・雜事》。楚昭王派王孫圉出使晉國。晉國趙簡子問楚國珍寶美玉現在怎麼樣了。王孫圉答道：楚國從來沒有把美玉當作珍寶，只是把善人如觀射父（人名）這樣的大臣看作珍寶。

③舅犯：春秋時晉國大臣，晉文公重耳的舅舅，姓狐，名偃，字子犯，曾追隨重耳流亡。重耳避難在狄國時，晉獻公去世。秦穆公派人請重耳歸國即位，重耳將此事告訴子犯。子犯以為不可，對重耳說了下面的話。

④亡人：流亡在外的人，即晉文公重耳。重耳因晉國內亂而逃亡，歷十九年之久，才回國創建霸業。

⑤《秦誓》：《尚書・周書》中的一篇。秦穆公伐鄭，在崤地被晉國擊敗，歸後悔過，告誡群臣，作《秦誓》。

⑥斷斷：真誠不二的樣子。兮：《秦誓》原文作「猗」，語氣詞。

⑦休休：善良敦厚的樣子。

⑧有容：有容人之量，能夠寬容待人。

⑨彥聖：指德才兼美的人。

⑩不啻若自其口出：不僅只是口中說出來，指說話與思想一致。不啻：不只是。若：《秦誓》原文作「如」。

⑪媢疾：妒忌。媢：《秦誓》原文作「冒」。疾：通「嫉」。

⑫俾：使。

⑬迸：同「摒」，驅逐。四夷：古代對四方邊境少數民族的泛稱。

⑭命：當作「慢」，怠慢。

⑮拂：違逆。

⑯逮：及，到。

【譯文】

《國語・楚語》上說：「楚國沒有什麼可以當作珍寶，只是把善德的人才當作珍寶。」舅犯說：「逃亡的人沒有什麼可以當作珍寶，只有把以仁愛之心來對待親人當作珍寶。」

《尚書・秦誓》上說：「如果有一位大臣，忠誠老實，沒有什麼技能，但心地寬厚善良，很有容人之量。他見到別人有技能，就好像自己擁有一樣；別人德才兼備，他從心底裡敬佩喜歡。他不只是在口頭上表示，實際確有容人之心，因而一定能夠保護好我的子孫百姓，對我是多麼有利啊！反之，另有一種人，看見別人有技能，就嫉妒、厭惡；別人德才兼備，他就設法壓制，使其不被重用。這樣的人實在是不能容人，因而一定不能保護好我的子孫百姓，如果重用這種人，那真稱得上是危險啊！」唯獨有仁德的人會把這種人流放，驅逐到四夷族居住的邊遠之地，不許他與賢人同住在中國。這就叫作唯獨有仁德的人能夠做到愛憎分明，能夠親愛應該親愛的人，厭惡應該厭惡的人。

發現了賢才却不能舉用，舉用了却不能重用，這是輕慢；發現了不善的人却不能罷免，罷免了却不能把他驅逐得遠遠的，這是放縱。喜歡眾人所憎惡的，憎惡眾人所喜歡的，這就叫作違逆常人的本性，災難一定會降臨到自己身上。所以國君有一條修己治人的大道理：必定要忠誠信義，這樣才能得到民心；如果驕縱放肆，就會失去民心。

【原文】

生財有大道：生之者眾，食之者寡；為之者疾①，用之者舒②，則財恒足矣。

仁者以財發身③，不仁者以身發財。未有上好仁，而下不好義者也；未有好義，其事不終者也；未有府庫④財，非其財者也。

孟獻子⑤曰：「畜馬乘不察於雞豚⑥，伐冰之家不畜牛羊⑦，百乘之家不畜聚斂之臣⑧。與其有聚斂之臣，寧有盜臣。」此謂國不以利為利，以義為利也。

長國家⑨而務財用者，必自小人矣。彼為善之，小人之使為國家，災害並至。雖有善者，亦無如之何⑩矣！此謂國不以利為利，以義為利也。

【注釋】

①疾：迅速，引申為勤快。
②舒：舒緩，引申為節儉。
③發身：提高品德修養。
④府庫：古代國家收藏財物文書的地方。府：指機構。庫：指建築物。
⑤孟獻子：春秋魯國大夫，姓仲孫，名蔑。
⑥畜馬乘：指初作大夫官的人。察：關注。
⑦伐冰之家：喪葬時有條件用冰保存遺體的家族，指卿大夫。
⑧百乘之家：擁有一百輛車乘的家族，指有封邑采地的諸侯。
⑨長國家：國家之長，即君主。
⑩無如之何：無可奈何，無法挽救。

【譯文】

創造財富有條重要的原則：生產財富的人要多，消耗財富的人要少；管理財富的人要勤快，使用財富的人要節儉。這樣財富就能經常充裕了。

仁德的人仗義疏財以完善自身的修養，不仁德的人不惜用性命去斂取錢財。從來沒有居上位的人喜好仁德，居下位的人却不喜好忠義的；從來沒有喜好忠義的人，却不能把事業進行到底的；從來沒有府庫中用仁義得來的財物，最終不屬於國君所有的。

孟獻子說：「養得起四匹馬拉的馬車的大夫之家，就不應該考慮餵雞養豬的利益；喪祭有條件用冰的卿大夫之家，就不應該賺取飼養牛羊的利益；擁有百輛車乘的諸侯之家，就不應該豢養搜刮民財的家臣；與其有搜刮民財的家臣，寧可有盜竊主人財物的家臣。」這就叫作一個邦國不應該以財貨為利益，而應該以仁義為利益。

統治一國的君主如果一心想著聚斂財貨，一定是受了小人的唆使。君主還以為這種小人是好人，其實，如果任用小人治理邦國，一定會引起天災人禍。等到民心離散之後，縱使改用善人賢者，也已無法挽救了！這就叫作一個邦國不應該以財貨為利益，而應該以仁義為利益。

附朱子提示

右傳之十章。釋「治國平天下」。凡傳十章。前四章統論綱領旨趣，後六章細論條目功夫。其第五章乃明善之要，第六章乃誠身之本，在初學尤為當務之急，讀者不可以其近而忽之也。

以上是第十章傳文。解釋「治國平天下」。全篇「傳」共十章。前四章全面論述總綱主旨，後六章詳細論述綱目及實行的方法。第五章是闡明「至善」的要領，第六章是解說修身誠意是根本，對於初學者來說尤其是當務之急，讀的時候不要因為淺近而忽略它。

中庸

中　庸

《中庸》原是《禮記》中的一篇，是儒家論述人生修養境界的一部道德哲學專著。

關於《中庸》的作者，多認為是孔子之孫子思。據《史記·孔子世家》載，子思「困於宋，作《中庸》」。子思（公元前483—前402），姓孔，名伋，魯國人，他是孔子的孫子，又是曾子的弟子。孟子受業於子思的門人，發揮了子思的思想，形成了思孟學派。後代尊稱子思為「述聖」。《漢書·藝文志》曾著錄《子思》二十三篇，已佚。現存的《中庸》，後經秦代學者修改整理，約寫定於秦統一全國後不久。

《中庸》是被宋代學人提到突出地位上來的，宋代探索中庸之道的文章不下百篇，北宋程顥、程頤極力尊崇《中庸》。南宋朱熹又作《中庸章句》，並把《中庸》和《大學》《論語》《孟子》並列稱為「四書」。宋、元以後，《中庸》成為學校官定的教科書和科舉考試的必讀書，對古代教育產生了極大的影響。

第一章

【原文】

天命之謂性①，率性之謂道②，修道之謂教③。

道也者，不可須臾④離也。可離，非道也。是故君子戒慎乎其所不睹，恐懼乎其所不聞。莫見乎隱⑤，莫顯乎微⑥。故君子慎其獨也。

喜、怒、哀、樂之未發⑦，謂之中⑧。發而皆中節⑨，謂之和⑩。中也者，天下之大本也；和也者，天下之達道也⑪。致中和，天地位焉⑫，萬物育焉。

【注釋】

①天命：自然所賦予的，即天理。儒家認為，天理表現為陰、陽及金、木、水、火、土五行。上天把天理交付於人，形成人的仁、義、禮、智、信的品德，這就是人的性。之：助詞。謂：稱作。性：天然賦予人的稟性。

②率：遵循，依照，順從。道：指事物運動變化的普遍規律。《中庸》所講的道，系兼指天道和人道，但主要是指人道。所謂天道，就是宇宙自然運行的客觀規律；所謂人道，就是人類社會發展的普遍規律。這裡主要是就「性」的外在表現形式而言。

③修：修養，推行。教：教育，教化。儒家一向主張對百姓進行倫理教化，以使他們的言行符合道德規範。

④須臾：片刻，一會兒。

⑤見：同「現」，顯現，表現出來。隱：暗處，不易被人覺察的地方。

⑥顯：顯露。微：微小、細節之事。

⑦發：表露、表現出來。

⑧中：不偏不倚。儒家的重要哲學範疇，意為無過無不及，處事恰如其分、適得事理之宜的適中狀態。喜怒哀樂是人的感情，當這些感情還沒有表現到外表時，《中庸》篇認為，人的內心處於虛靜澹然、不偏不倚的境界，稱為「中」。

⑨中：符合。節：節度。

⑩和：協調和諧。儒家的重要哲學範疇，意為多種事物的協調統一。《中庸》篇認為，人的喜怒哀樂情感要符合統治階級規定的常理。做到這一點，情感中正和諧，就是和。

⑪達道：一切事物遵循的普遍規律。這裡指人們共同遵行的原則。

⑫位：這裡做動詞，指處於當處之位置。

【譯文】

天然賦予人的稟性叫作「性」，遵循本性而行動叫作「道」，按照「道」的原則去修養並推廣於民眾叫作「教」。

道，是不可片刻離開的。如果可以離開，就不是道了。因此，品德高尚的君子在沒有人看見的地方也是謹慎、敬戒的，在沒有人聽見的時候也是恐慌、畏懼的。沒有比處於隱蔽的地方更容易表現出本色的，沒有比在細節的事情中更容易顯露出真情的。所以品德高尚的君子即使在獨處時，也是小心謹慎的。

喜、怒、哀、樂等情感還沒有表現出來的時候，稱為「中」。表現出來的時候，沒有太過和不及，都符合節度常理，稱為「和」。所謂「中」，是天下一切道理的最大根本所在。所謂「和」，是天下一切事物最普遍的規律。達到「中和」的境界，則天地各就其位，萬物便能隨其性而生長繁育了。

附朱子提示

【原文】

右第一章，子思述所傳之意，以立言。首明道之本原出於天，而不可易。其實體備於己，而不可離。次言存養省察[1]之要。終言聖神功化[2]之極。蓋欲學者於此反求諸身而自得之，以去夫外誘之私，而充其本然之善。楊氏[3]所謂一篇之體要是也，其下十章，蓋子思引夫子之言，以終此章之義。

【注釋】

①存養省察：保存本心，培養善性，檢查、反省自己的思想行為，是儒家的一種修養方法。

②聖神功化：聖人君子的功業與教化。

③楊氏：楊時，字中立，北宋理學家，先後受教於程顥、程頤，朱熹之學與他有間接師承關係。

【譯文】

上面是第一章。子思傳述孔子之意以立論。首先說明「道」的根本出於天，且不可變更；「道」的實體充滿在人的自身，且不可分離。其次說明「存養省察」的要點，最後說明「聖神功化」的極境。目的是要學習者反省自己探尋出「道」，去除外界引誘的私慾，使天生的善性充實起來。正如楊先生所說，這一章是全篇的要領，以下的十章，都是子思引孔子的言論，來申說此章的含義。

第二章

【原文】

仲尼曰：「君子中庸①，小人反中庸。君子之中庸也，君子而時中②；小人之反③中庸也，小人而無忌憚也。」

【注釋】

①中庸：儒家學說的方法論和道德準則。「中」是對不偏不倚，無過無不及的適得事理之宜的正確狀態而言。「庸」是對平凡而普遍適用的常理而言。故「中庸」意為普遍適用的真理，這裡指人生修養的最高道德標準。

②時：時刻。中：符合中庸之道。

③反：原本此字佚失，今根據晉王肅《禮記》注本補。

【譯文】

孔子說：「君子的言行能做到中庸，小人的言行違背中庸。君子的言行之所以能做到中庸，是因為君子能隨時根據所處的環境而保持適得事理之宜的最佳狀態；小人的言行之所以違背中庸，是因為小人說話行事毫無忌憚。」

第三章

【原文】

子曰[①]：「中庸其至矣乎[②]！民鮮能久矣[③]。」

【注釋】

①子：古代對男子的尊稱。在《中庸》書中，「子」皆指孔子。「子曰」內容見《論語·雍也》篇：「中庸之為德，其至矣！民鮮久矣。」

②其：語氣詞，表揣度之意。至：最高。

③民鮮能久矣：本句有兩種解釋，一指老百姓很少能夠做到，已經很久了；一指老百姓已經很少能夠長久地做到了。兩種解釋並無矛盾，意義相通，或兼有二者意。

【譯文】

孔子說：「中庸之道大概是最高的道德準則了！可惜平民很少能夠長久地做到。」

第四章

【原文】

子曰：「道[1]之不行也，我知之矣：知[2]者過之，愚者不及也。道之不明也，我知之矣：賢者過之，不肖[3]者不及也。人莫不飲食也，鮮能知味也。」

【注釋】

①道：即中庸之道。

②知：通「智」，聰明，智慧。

③不肖：不賢的人，道德卑劣的人，也指無所作為的普通人。

【譯文】

孔子說：「中庸之道不能推行於世，我知道其中的原因：聰明的人處理事情的標準較高，易走偏激，往往超過了中庸的標準；愚昧的人對自己的要求過低，沉淪墮落，往往達不到中庸的標準。中庸之道不能彰明於世，我知道其中的原因：賢能的人超過中庸的規範，不賢能的人達不到中庸的規範。人沒有不喝水吃飯的，但很少有人能夠真正品嚐其中的滋味。」

第五章

【原文】

子曰：「道其不行矣夫[1]！」

【注釋】

①矣夫：表感嘆，語氣助詞，相當於「啊」。

【譯文】

孔子說：「中庸之道大概是不能推行了啊！」

第六章

【原文】

子曰：「舜其大知也與[1]！舜好問而好察邇言[2]，隱惡而揚善。執其兩端[3]，用其中[4]於民，其斯以為舜乎！」

【注釋】

①舜：上古帝王，姓姚，有虞氏，名重華，「五帝」之一，是儒家推崇的古代聖君。大知：具有大智慧的聰明人。

②邇言：淺近之言，指老百姓說的通俗易懂的話。

③執其兩端：掌握事物的兩個極端。兩端：指同一事物中相互對立的兩個方面，這裡指「過」與「不及」這兩個極端。

④用其中：權衡事物兩端後，採用折中之法。

【譯文】

孔子說：「舜可真是具有大智慧的人啊！舜善於向別人請教，又善於考察分析淺近平凡的言論，能包容別人的缺點，而宣揚別人的善行。舜能掌握認識上的『過』和『不及』兩個方面，採用折中、恰當的辦法去治理百姓。這就是舜之所以能稱為偉大的舜的原因吧！」

第七章

【原文】

子曰：「人皆曰『予知[1]』，驅而納諸罟擭陷阱之中[2]，而莫之知辟[3]也。人皆曰『予知』，擇乎中庸，而不能期月[4]守也。」

【注釋】

①予：第一人稱代詞，指自己。

②納諸：使落入。罟（音古）擭：泛指捕獸的器具。罟：捕獸的網。擭：裝有機關的捕獸的木籠。陷阱：為捕獸而挖掘的地坑。

③辟：通「避」，躲避。這裡指自以為聰明的人往往為聰明所誤，在利慾的驅使下，明知有禍害而不知避，甚至自投羅網也不知道。

④期月：一整月。

【譯文】

孔子說：「人人都說自己聰明，可如果將他們像野獸一樣趕到罟網陷阱中，卻又不知道如何躲避。人人都說自己聰明，可當他們選擇了中庸這一道德標準後，竟連一個月都不能堅持。」

第八章

【原文】

子曰：「回[1]之為人也，擇乎中庸，得一善，則拳拳服膺[2]而弗失之矣。」

【注釋】

①回：顏回，字子淵，春秋時魯國人，孔子最得意的學生。

②拳拳服膺：牢牢記在心裡。拳拳：牢握不捨。服膺：緊貼胸前，表示牢記在心，真誠信服。服：著，放置。膺：胸口。

【譯文】

孔子說：「顏回的為人處事，選擇以中庸之道作為標準，他如果從中領悟到一條有益的道理，就牢記於心，真誠信服，不讓它失去。」

第九章

【原文】

子曰：「天下國家可均也①，爵②祿可辭也，白刃可蹈③也，中庸不可能也④。」

【注釋】

①天下：指西周時天子統治下的全部土地，意為全中國。國：指天子分封的諸侯國。家：指諸侯分封的卿大夫領地，即采邑。均：平定，指治理公正。

②爵：周代按照功勛大小、血緣親疏以區別地位高下，分為公、侯、伯、子、男五等爵位。

③蹈：踩、踏。

④中庸不可能：意謂中庸之道是最高的道德標準，做到中庸並不容易。有的人儘管能治天下國家，辭爵祿，蹈白刃，却不能實行中庸之道。可見中庸之道難以做到。能：做到，實行。

【譯文】

孔子說：「天下國家可以治理成功，爵位俸祿可以辭去不受，明晃晃的刀刃可以踐踏而過，但中庸之道却不容易做到。」

第十章

【原文】

子路問強①。

子曰：「南方之強與[2]？北方之強[3]與？抑而強與[4]？寬柔以教，不報無道，南方之強也，君子居之；衽金革[5]，死而不厭[6]，北方之強也，而強者居之。故君子和而不流[7]，強哉矯[8]！中立而不倚，強哉矯！國有道，不變塞焉[9]，強哉矯！國無道，至死不變，強哉矯！」

【注釋】

①子路：姓仲，名由，字子路，春秋時魯國人，孔子弟子，性格以直爽勇敢著稱。強：堅強。

②南方之強：南方風氣柔弱，能夠以寬容的精神待人，逆來順受，故以含忍之力勝人為強。與：同「歟」，句末語氣助詞。

③北方之強：北方風氣剛勁，勇武好鬥，寤寐不離兵甲，隨時準備戰鬥，故以果敢之力勝人為強。

④抑：抑或，表示選擇。而：同「爾」，你。

⑤衽（音任）：臥席，這裡作動詞，躺臥的意思。金：兵器。革：鎧甲。

⑥厭：後悔。

⑦和：待人溫和。流：指喪失原則立場地遷就別人，即隨大流。

⑧哉：表感嘆意義的語氣助詞。矯：強悍剛毅的樣子。

⑨塞：實，指充實於內的志向。

【譯文】

子路問怎樣才算是堅強。

孔子說：「你問的是南方的堅強呢，還是北方的堅強？還是你自己以為的堅強？用寬厚柔和的道理教導別人，對於橫逆無道也不報復，這就是南方的堅強，品德高尚的君子具備這種強；以兵器甲冑為枕席，即使戰死也不後悔，這就是北方的堅強，強悍勇武的人具備這種強。所以說，君子和順而不隨波逐流，多麼堅強啊！君子恪守中庸之道，巋然卓立，不偏不倚，多麼堅強啊！國家政治清明，君子身處高位而不為富貴腐蝕，不改變氣節，多麼堅強啊！國家政治黑暗，君子雖懷才不遇卻能安貧樂道，至死都不改變節操，多麼堅強啊！」

第十一章

【原文】

子曰：「素隱行怪①，後世有述②焉，吾弗為之矣。君子遵道而行，半途而廢，吾弗能已矣③。君子依乎中庸，遁世不見知而不悔④，唯聖者⑤能之。」

【注釋】

①素：據《漢書‧藝文志》當為「索」。索：索求，探尋。隱：隱辟之理。行怪：行為怪異。

②述：稱述，記述。

③弗：不。已：停止。

④遁世：逃避世俗，指隱居，一指默默無聞，在世無名。見知：被瞭解，被推重。

⑤聖者：即聖人，儒家對道德修養和知識水平最高的人的稱呼。

【譯文】

孔子說：「索求隱辟的道理，做事荒誕怪異，這或許也能得到後人的稱讚，但我決不會這樣做。有德的君子遵循正道而行事，有的人卻半途而廢，但我絕對不會停止。真正的君子一言一行都遵循中庸之道，即使一生默默無聞，不為世人所推重，也決不後悔，這只有聖人才能做到。」

第十二章

【原文】

君子之道費而隱①。夫婦②之愚，可以與③知焉；及其至也，雖聖人亦有所不知焉。夫婦之不肖，可以能行焉；及其至也，雖聖人亦有所不能焉。

天地之大也，人猶有所憾[4]。故君子語大，天下莫能載焉；語小，天下莫能破[5]焉。

《詩》[6]云：「鳶[7]飛戾天，魚躍于淵。」言其上下察[8]也。君子之道，造端[9]乎夫婦，及其至也，察乎天地。

【注釋】

①費：廣泛，廣大。隱：隱蔽，精微。君子之道費而隱，是說中庸之道既具有普遍性，又具有特殊性。
②夫婦：匹夫匹婦，指普通男女。
③與：同「預」，參預。
④憾：遺憾，指思想上有不滿足的地方。
⑤破：剖析，分析。
⑥《詩》：以下詩句引自《詩經・大雅・旱麓》。
⑦鳶：鳥名，一種凶猛的鷹類鳥。
⑧察：洞察，觀察。
⑨造端：發端，開端。

【譯文】

君子所恪守的中庸之道，廣大而精微。普通男女雖然愚昧，但也可以知道中庸之道的一些淺顯內容；至於中庸之道最高深的境界，即使是聖人也有不能領悟的地方。普通男女雖然不賢明，但也可以做一些力所能及的符合中庸之道的事；至於中庸之道的最高深境界，即使是聖人也有不能做到的地方。

天地如此廣大，但人們對它仍有感到不滿足的地方。所以君子說到「大」，就大得連整個天下都載不了；君子說到「小」，就小得連一點兒都分不開。

《詩經・大雅・旱麓》上說：「鳶鳥飛向高空，魚兒跳躍深水。」這兩句詩可比喻中庸之道上達於天，下至於地，都可以洞察萬物。君子所恪守的中庸之道，從普通男女都可知道、都可行的淺近道理開始，至於達到其最高深的境界時，就可洞察貫穿天地之間的一切事物。

附朱子提示

【原文】

右第十二章，蓋子思之言，蓋以申明首章「道不可離」之意也。以下八章，雜引孔子之言以明之。

【譯文】

上面第十二章，是子思的言論，用來申述首章「道不可離」的意思。以下八章，雜引孔子的言論加以闡明。

第十三章

【原文】

子曰：「道不遠人。人之為道而遠人，不可以為道。《詩》①云：『伐柯②伐柯，其則③不遠。』執柯以伐柯，睨④而視之，猶以為遠。故君子以人治人，改而止。

「忠恕違道不遠⑤，施諸己而不願，亦勿施於人。

「君子之道四，丘未能一焉。所求乎子以事父，未能也；所求乎臣以事君，未能也；所求乎弟以事兄，未能也；所求乎朋友先施之，未能也。庸⑥德之行，庸言之謹。有所不足，不敢不勉；有餘，不敢盡。言顧行，行顧言，君子胡不慥慥爾⑦！」

【注釋】

①《詩》：以下詩句引自《詩經・豳風・伐柯》。

②柯：斧柄。

③則：法則，樣式。這裡指做斧柄的模板。
④睨：斜著眼睛看。
⑤忠恕：盡己之心為「忠」，推己及人為「恕」，二者都是儒家學說的道德哲學範疇。「忠恕」是實行「仁」的方法和途徑，是儒家思想的重要組成部分。違：相距。
⑥庸：平凡，平常。
⑦胡：怎麼。慥慥爾：忠厚誠實的樣子。

【譯文】

孔子說：「中庸之道並不排斥人。如果有人修道却排斥人，那就不可以稱為修習中庸之道了。《詩經・豳風・伐柯》上說：『伐木作斧柄，伐木作斧柄，斧柄的樣式就在眼前。』手握斧柄伐木做斧柄，應該說不會有什麼難度了，但如果斜著眼漫不經心地看，那麼距離做一把好斧柄還是很遠的。所以君子根據不同人的情況採取不同的辦法來治理，別人如果有過錯，改正了也就可以了。

「如果能做到忠和恕，那麼距離中庸之道也就不遠了。不願意別人施加給自己的行為，也不要施加給別人。

「講究中庸之道的君子應做到的內容有四項，我孔丘一項也沒能做到。作為一個兒子應該對父親做到的，我未能做到；作為一個臣民應該對君王做到的，我未能做到；作為一個弟弟應該對哥哥做到的，我未能做到；作為一個朋友應該先做到的，我沒有能夠做到。我只是在那些平常的德行上儘力實行，在那平常的言論上小心謹慎。所做的有所不足，不敢不努力去彌補；所說的還有未能做到的，就不敢把話說盡。說話時考慮著能不能實行，行動時考慮著是否與所說的相符合。如果真能言行一致，君子怎麼還能不是忠厚誠實的呢？」

第十四章

【原文】

君子素其位而行①，不願乎其外②。素富貴，行乎富貴；素貧賤，行乎貧賤；素夷狄，行乎夷狄③；素患難，行乎患難。君子無入④而不自得焉！

在上位，不陵⑤下，在下位，不援⑥上。正己而不求於人，則無怨。上不怨天，下不尤人。故君子居易以俟命⑦，小人行險以徼幸⑧。

子曰：「射有似乎君子，失諸正鵠⑨，反求諸其身。」

【注釋】

①素其位：安於平時所處的位置。素：平素，素來。

②願：羨慕。外：分外。這裡指等級名分之外的名利。

③夷：當時東方的部族。狄：當時北方的部族。夷狄：這裡泛指周邊的落後部族。

④入：處於。

⑤陵：同「凌」，欺凌，欺壓。

⑥援：攀附，巴結。

⑦居易：處於平易而安全的境地。俟：等待。

⑧行險：冒險，鋌而走險。徼幸：指希望獲得意料之外的東西，企圖因偶然的機會而獲得成功。徼：同「僥」。

⑨正鵠：「正」和「鵠」是兩種鳥名，古人在布做的箭靶中心畫上正的圖案，在皮革做成的箭靶中心畫上鵠的圖案，後以「正鵠」作為箭靶中心的代稱。

【譯文】

講求中庸之道的君子，安於平素所處的位置，做應該做的事，對於本分以外的名利，不抱非分之想。若平素處於富貴的地位，就做富貴人應該做的事；若平素處於貧賤的地位，就做貧賤者應該做的事；若平素處於夷狄之境，就做在夷狄地區可以辦到的事；若平素處於患難之境，就做在患難境遇中可以辦到的事。如此，君子無論處於什麼境地，都可安然自得。

居於上位，不欺凌處於下位的人；處於下位，不高攀居於上位的人。只是端正自己而不苛求他人，這樣就不會有什麼抱怨了。上不抱怨老天，下不責怪別人。因此，君子安分守己，居於平坦之地以等待時機；小人鋌而走險，妄求僥倖獲得非分的東西。

孔子說：「射箭的道理與君子行道有相似之處，如果箭沒有射中靶心，應該回過頭來從自己身上找原因。」

第十五章

【原文】

君子之道，辟①如行遠，必自邇②；辟如登高，必自卑③。《詩》④曰：「妻子好合⑤，如鼓瑟琴。兄弟既翕⑥，和樂且耽⑦。宜爾室家，樂爾妻帑⑧。」子曰：「父母其順矣乎！」

【注釋】

①辟：通「譬」。
②邇：近。
③卑：低處。
④《詩》：以下詩句引自《詩經・小雅・棠棣》。
⑤好合：和睦相處，關係和諧。
⑥翕：聚合，引申為和順、融洽的意思。
⑦耽：快樂的樣子。《詩經》原文作「湛」，深厚的意思。
⑧帑：同「孥」，指子孫。

【譯文】

君子實行中庸之道，譬如走遠路，一定得從近處出發；又譬如登高山，一定得從低處起步。

《詩經・小雅・棠棣》上說：「你與妻子兒女相親相愛和睦相處，就像彈琴鼓瑟奏出的樂曲那樣和諧。兄弟之間團結友愛，和睦安樂，感情深厚。你的家庭祥和美滿了，你的妻子兒女都很快樂愉悅。」孔子說：「一個家庭如果能這樣的話，父母大概就能稱心如意了吧！」

第十六章

【原文】

子曰：「鬼神之為德，其盛矣乎！視之而弗見，聽之而弗聞，體物而不可遺①。使天下之人，齊明盛服②，以承祭祀。洋洋乎③如在其上，如在其左右。《詩》④曰：『神之格思⑤，不可度思，矧可射思⑥。』夫微之顯，誠之不可⑦揜如此夫！」

【注釋】

①體物：體現在事物之中。儒家認為，宇宙之內的一切事物都是由陰陽二氣化育而成的，也是由陰陽二氣的相互作用而變化發展的。而鬼神之道就是陰陽之道的形象化，神代表陽氣，鬼代表陰氣，故稱「體物而不可遺」。

②齊：通「齋」。明：潔淨。

③洋洋乎：形容鬼神盛大而飄忽的樣子。

④《詩》：以下詩句引自《詩經・大雅・抑》。

⑤格：降臨。思：句末語氣助詞。

⑥矧（音審）：況且，怎麼可以。射：因厭惡而怠慢不敬。

⑦揜（音演）：同「掩」，掩蓋。

【譯文】

孔子說：「鬼神的德行，是多麼盛大啊！看它卻看不見形狀，聽它也聽不到聲音，但它體現在萬事萬物之中，無微不至而又無所不在。它能使天下的人都齋戒淨心，穿上華麗的祭服，虔誠地來恭行祭祀。它那浩渺盛大的氣象，好像飄浮在人們的上方，又好像流動在人們左右。《詩經・大雅・抑》上說：『鬼神的降臨，不可揣測，虔誠敬奉還怕有疏忽，又怎敢對其懈怠不敬呢！』鬼神的形象雖然隱微虛無，但其功德卻又昭明顯現，至誠的德行就是這樣不可掩蓋啊。」

第十七章

【原文】

子曰：「舜其大孝也與！德為聖人，尊為天子，富有四海之內。宗廟饗之①，子孫保②之。故大德必得其位，必得其祿，必得其名，必得其壽。故天之生物，必因其材而篤焉③。故栽者④培之，傾者覆之⑤。《詩》⑥曰：『嘉⑦樂君子，憲憲令德⑧，宜民宜人⑨，受祿于天。保佑命之，自天申⑩之。』故大德者必受命。」

【注釋】

①宗廟：古代天子、諸侯、大夫、士等祭祀先祖的地方。饗：原指用酒食款待人，這裡指用祭品供奉祖先。
②保：保持，延續。
③因：依照，根據。材：資質。篤：厚待。
④栽者：指能夠成材的人。
⑤傾者：歪邪不正的人，即不能成材的人。覆：毀滅。這裡指淘汰。
⑥《詩》：以下詩句引自《詩經・大雅・假樂》。
⑦嘉：善良。《詩經》原文作「假」。
⑧憲憲：賢明興盛的樣子。《詩經》原文作「顯顯」。令：美好。
⑨民：指民眾。人：指百官。
⑩申：陳述，說明。

【譯文】

孔子說：「舜應該算得上是最孝順的人了吧！他具有聖人的德行，居於天子的尊貴地位，擁有四海以內的財富，死後享受宗廟的祭祀，子孫永遠保持祭祀不斷。所以說，具有大德的人，必定會得到他所應有的地位，必定會得到他所應有的俸祿，必定會得到他所應得的名譽，必定會得到他所應有的長壽。所以，上天生養萬物，必定是根據它們的資質來判斷是否應該厚待它們。所以，能成材的就培育它，不能成材的就淘汰它。《詩經・大雅・假樂》上說：『和善而安樂的君子，具有顯著光明的美好品德，他使平民和百官都和善相安，所以能夠獲得上天賜予的福祿。上天保佑他，任用他，天命時時告誡他。』所以具有大德的人必定會秉承天命。」

第十八章

【原文】

子曰：「無憂者，其惟文王①乎！以王季②為父，以武王③為子。父作④之，子述⑤之。

「武王纘大王⑥、王季、文王之緒⑦，壹戎衣⑧而有天下。身不失天下之顯名，尊為天子，富有四海之內。宗廟饗之，子孫保之。

「武王末受命，周公⑨成文武之德，追王⑩大王、王季，上祀先公以天子之禮。斯禮也，達乎諸侯、大夫及士、庶人。父為大夫，子為士，葬以大夫，祭以士；父為士，子為大夫，葬以士，祭以大夫。期之喪⑪，達乎大夫；三年之喪⑫，達乎天子。父母之喪，無貴賤一也。」

【注釋】

①文王：即周文王，姓姬，名昌，周朝開國之君周武王的父親，本是商

末的西方諸侯。周武王建立周朝後，追諡為「文王」。他是儒家所推崇的古代聖人之一。

②王季：周文王的父親，名季歷，商末的西方諸侯，號稱西伯。周成王時追諡為「王季」。

③武王：即周武王，姓姬，名發，周朝開國君主，也是儒家所推崇的古代聖人之一。

④作：開創。

⑤述：繼承。

⑥纘：繼承。大王：季歷的父親古公亶父，商朝後期在西部興起，號稱西伯，奠定了周朝王業的基礎。周成王時追諡為「太王」。

⑦緒：前人未竟的事業。

⑧壹戎衣：指一穿上戎裝，意為統領軍隊。

⑨周公：姓姬，名旦，周武王的弟弟。武王死後，成王年幼，由周公輔政。傳說周公是周代典章制度的創設者，也是儒家所推崇的古代聖人之一。

⑩追王：生前未稱王，死後追諡為王。

⑪期之喪：一年的守喪期。一般是對叔伯（包括未出嫁的姑母）、兄弟（包括未出嫁的姊妹）、兒子（包括未出嫁的女兒）及長媳所服的服制。

⑫三年之喪：喪禮中最重的一種。依照周禮規定，無論平民還是天子要為父母服喪三年。

【譯文】

孔子說：「無憂的人，大概只有周文王一人吧！王季是他的父親，武王是他的兒子。父親給他開創了基業，兒子又繼承了他未竟的事業。

「周武王繼承了曾祖父周太王、祖父王季、父親周文王的功業，穿上戎裝討伐商紂王，便一舉獲勝取得整個天下。由於他討伐的是暴君，所以他自身並未喪失顯揚於天下的盛名，而成為尊貴的天子，擁有四海以內的財富。死後享受宗廟的祭祀，子孫永遠保持祭祀不斷。

「周武王晚年才秉受天命稱為天子，故由周公輔佐成王，完成文王、武王的德業，追尊太王、王季為王，又用天子之禮往上祭祀太王以前的先祖。這種禮制，通行到諸侯、大夫、士以及庶人之中。如果父親是大夫，兒子是士，那麼父親死後用大夫的禮制安葬，兒子祭祀時則用士的禮制；如果父親是士，兒子是大夫，那麼父親死後用士的禮制安葬，兒子祭祀時用大夫的禮制。為旁親服一年齊衰喪的禮制，從庶人實行到大夫為止；為父母服三年斬衰喪的禮制，一直實行到天子。為父母服喪，沒有貴賤的區別，無論天子還是庶人都是一樣的。」

第十九章

【原文】

子曰：「武王、周公其達孝矣乎！夫孝者，善繼人之志，善述人之事者也。春秋，修其祖廟，陳其宗器①，設其裳衣②，荐其時食③。

「宗廟之禮，所以序昭穆④也；序爵⑤，所以辨貴賤也；序事⑥，所以辨賢也；旅酬下為上⑦，所以逮賤也⑧；燕毛⑨，所以序齒也⑩。

「踐其位⑪，行其禮，奏其樂，敬其所尊，愛其所親。事死如事生，事亡如事存，孝之至也。

「郊社之禮⑫，所以事上帝也；宗廟之禮，所以祀乎其先也。明乎郊社之禮，禘嘗之義⑬，治國其如示諸掌乎？」

【注釋】

①宗器：祭器，宗廟裡祭祀所用的器物。

②裳衣：指祖宗生前穿過的衣服。裳指下衣，衣指上衣。

③荐：進獻。時食：四季應時的食品。

④序昭穆：排列昭穆的次序。按周代宗法制度的規定，祭祀時，以始祖牌位居中，二世、四世、六世的牌位放在始祖牌位的左方，稱「昭」；三世、五世、七世的牌位放在始祖牌位的右方，稱「穆」。這裡指區別與祭者父子、長幼、親疏的次序。這種次序也表現在墓冢

的排列上。

⑤序爵：助祭者按官爵大小，以公、卿、大夫、士分為四等排列先後次序。

⑥事：職事。這裡指在祭祀中所擔任的職務。

⑦旅酬：古代一種眾人同飲的禮節，一般在祭禮尾聲時進行。旅：指眾人。酬：指敬酒。下為上：指年輕人向年長者敬酒。

⑧逮：到，及。賤：指家族中的晚輩。

⑨燕：同「宴」，這裡指祭祀完成後舉行的宴會。毛：即鬚髮，這裡作動詞，指按照鬚髮黑白，即年齡大小來排定座位。

⑩齒：年齡。

⑪踐：登上，踩上。

⑫郊社：古代祭祀名。周代的天子和諸侯，冬至日在都城的南郊舉行祭天儀式，稱為「郊」；夏至日在都城的北郊舉行祭地儀式，叫作「社」。

⑬禘：古代一種只有天子才能舉行的極為隆重的祭祀祖先的大祭，五年一次在宗廟裡舉行。嘗：古代祭祀名，本是天子、諸侯在秋天舉行的宗廟祭祀，這裡借指四季的祭祀之禮。

【譯文】

孔子說：「周武王和周公應該算是通達孝道了吧！所謂孝道，就是善於繼承先人的遺志，善於傳承先人未竟的事業。每逢春、秋兩季，修繕宗廟，陳列祭器，擺設衣服，貢獻應時的食品。

「宗廟裡舉行的祭祀之禮，是用來排列左昭右穆的次序的；助祭的人按照官爵排列次序，是用來區別貴賤的；進獻祭品的人按照在祭祀中擔任職事的主次排列，是用來區別才能的高低的；眾人共同勸酒時，晚輩向年長的前輩敬酒，是為了表示把先祖的恩惠下達給年幼的人；宴會時按照鬚髮黑白的程度排列座位，是用來區別老少長幼的次序的。

「讓祖先的牌位登上先王的位置，舉行先王所制定的祭禮，演奏先王所傳下來的音樂，敬重先王所尊敬的列祖列宗，愛護先王所親愛的子孫臣民。侍奉已去世的祖先就像他還活著的時候那樣，侍奉已亡故的祖先就像他還健存著一樣，這就是孝道的最高境界。

「舉行祭天的郊禮和祭地的社禮，是為了侍奉天帝；舉行宗廟的祭祀，是為了祭祀祖先。如果能明白郊祭和社祭之禮，懂得禘祭和嘗祭的意義，那麼治理國家大概就像把放在自己手掌上的東西指給別人看一樣容易了。」

第二十章

【原文】

哀公①問政。子曰：「文武之政，布在方策②。其人③存，則其政舉④；其人亡，則其政息。人道敏政⑤，地道敏樹⑥。夫政也者，蒲盧也⑦。故為政在人，取人以身，修身以道，修道以仁。

「仁者，人⑧也，親親為大；義者，宜也，尊賢為大。親親之殺⑨，尊賢之等，禮所生也。（在下位不獲乎上，民不可得而治矣⑩。）故君子不可以不修身；思修身，不可以不事親；思事親，不可以不知人；思知人，不可以不知天。

【注釋】

①哀公：春秋時魯國國君，姓姬，名蔣。

②布：陳列，這裡指記載。方：書寫用的木版。策：書寫用的竹簡。

③其人：指能夠努力實行「文武之政」的賢人。

④舉：指善政得以實行。

⑤人道：治理百姓之道。敏：努力從事。

⑥地道：經營土地之道。樹：培植樹木。

⑦蒲盧：即蘆葦。蘆葦容易生長，這裡比喻賢人為政容易獲得成功。

⑧人：為人之道。

⑨殺：降等，這裡指親族按血緣的遠近而由親及疏的等差。

⑩「在下位不獲乎上」二句：據《禮記》鄭玄注，此二句見於下文，此處誤重。

【譯文】

魯哀公向孔子諮詢治理政事的方法。孔子說：「文王、武王制定的政教，記載在木版簡策上。有聖明的君主和賢能的臣子存在，這些政教就能得以實行；沒有聖明的君主和賢能的臣子存在，這些政教就不能得以實行。聖君賢臣治理百姓的道理就在於努力搞好政事，就像經營土地的道理在於努力培植樹木一樣。聖君賢臣推行政教最容易見成效，就像種植蘆葦一樣容易成長。所以，國君想要治理好國家，關鍵在於有賢人的輔佐；要想得到賢人輔佐，首先要修養好自己的品德；想要修養好自己的品德，首先在於遵循中庸之道；想要準確地把握中庸之道，就要從仁義做起。

「所謂仁，就是做人的道理，親愛自己的親族就是最大的仁；所謂義，就是做事要合宜得當，尊重賢人就是最大的義。至於親愛親族要分遠近親疏，尊重賢人也要有德才高下的等次，這都是從『禮』上產生的要求呀。所以說，君子不可以不修養自身品德；想要修養自身品德，就不可以不盡心侍奉父母；想要盡心侍奉父母，就不可以不瞭解人情；想要瞭解人情，就不可以不知道天道的法則。

【原文】

「天下之達道①五，所以行之者三。曰：君臣也、父子也、夫婦也、昆弟②也、朋友之交也，五者，天下之達道也；知、仁、勇三者，天下之達德也；所以行之者一③也。

「或④生而知之，或學而知之，或困而知之，及其知之，一也。或安而行之，或利而行之，或勉強而行之，及其成功，一也。

(子曰⑤：)「好學近乎知，力行近乎仁，知恥近乎勇。知斯三者，則知所以修身；知所以修身，則知所以治人；知所以治人，則知所以治天下國家矣。

【注釋】

①達道：天下古今所必須共同遵循的普遍道理。

②昆弟：兄弟，也包括近房的和遠房的弟兄。

③一：指下文所說的「誠」。但王引之《經義述聞》認為這個「一」字是後人誤增的。

④或：有的人。

⑤子曰：朱熹認為這二字是衍文。

【譯文】

「天下人所應共同遵守的大道有五項，而實行這五項大道的方法有三條。君臣之道、父子之道、夫婦之道、兄弟之道、朋友交往之道，這五項就是天下人所應共同遵守的大道；智慧、仁愛、勇敢，這三條就是天下人所應具備的德行；至於這三項德行的實行，道理都是一樣的。

「有的人生來就知道這些道理，有的人要學習了才知道，有的人則是在困惑後，經過探求才知道，當他們最終知道這些道理時，其結果則是一樣的。有的人從容安然地實行大道，有的人為了利益才去實行大道，有的人則是勉強地去實行大道，當他們最終都成功時，其結果則是一樣的。

（孔子說：）「努力學習就接近智慧，儘力行善就接近仁愛，知道羞恥就接近勇敢。知道這三點，就知道如何修養自身的品德了；知道如何修養自身品德，就知道如何治理百姓了；知道如何治理百姓，就知道如何治理天下國家了。

【原文】

「凡為天下國家有九經[①]，曰：修身也，尊賢也，親親也，敬大臣也，體[②]群臣也，子[③]庶民也，來百工也[④]，柔[⑤]遠人也，懷[⑥]諸侯也。

「修身，則道立；尊賢，則不惑；親親，則諸父昆弟不怨；敬大臣，則不眩[⑦]；體群臣，則士[⑧]之報禮重；子庶民，則百姓勸；來百工，則財用足；柔遠人，則四方歸之；懷諸侯，則天下畏之。

「齊明[9]盛服，非禮不動，所以修身也；去讒遠色，賤貨而貴德，所以勸賢也；尊其位，重其祿，同其好惡，所以勸親親也；官盛任使[10]，所以勸大臣也；忠信重祿，所以勸士也；時使[11]薄斂，所以勸百姓也；日省月試[12]，既稟稱事[13]，所以勸百工也；送往迎來，嘉善而矜不能[14]，所以柔遠人也；繼絕世[15]，舉廢國[16]，治亂持危，朝聘以時[17]，厚往而薄來，所以懷諸侯也。

「凡為天下國家有九經，所以行之者，一也。

【注釋】

①經：常規，大綱。
②體：體諒，體恤。
③子：這裡作動詞，指像愛護子女一樣。
④來：招徠，招攬。百工：各種從事製造的工匠。
⑤柔：以柔相待，即懷柔。
⑥懷：安撫。
⑦眩：本義為眼花，引申為迷惑，糊塗。
⑧士：商周時貴族的最低一級，介於卿大夫和庶民之間的一個階層。
⑨齊明：齋戒沐浴，使身心潔淨。
⑩官盛任使：有足夠多的屬官可供隨意差遣。
⑪時使：適時役使，指在農閑時才使百姓服勞役，避免耽誤農時。
⑫省：檢查。試：考核。
⑬既：通「餼」，贈送別人的糧食。稟：同「廩」，本義指糧倉，這裡指糧食。稱：相符合。
⑭矜：同情。不能：沒有能力。
⑮繼：承繼，延續。絕世：已經中斷的家族世系。古代卿大夫的封邑采地，由子孫世襲，如果某一代有過失便被停止領有封邑采地，即停止食祿。繼絕世即指讓已經中斷俸祿的世家繼續享受俸祿。
⑯舉：復興。廢國：已經沒落的邦國。
⑰朝聘：諸侯定期朝見天子。每年一見，叫小聘，三年一見叫大聘，五

年一見叫朝聘。以時：按照周禮規定的時間。

【譯文】

「大凡治理天下國家有九條大綱，這就是：修養自身品德，尊重賢人，親愛親族，敬重大臣，體恤小臣，愛民如子，招攬各種工匠，優待遠方來客，安撫諸侯。

「修養自身品德，就能確立正道；尊重賢人，就不會受迷惑；親愛親族，父母、叔伯、兄弟之間就不會有怨恨；敬重大臣，治理國事就不會糊塗；體恤小臣，士人們就會以重禮相報；愛民如子，百姓都會受到鼓勵；招攬各種工匠，財富貨物就充足；優待遠方來客，四方就會歸順；安撫諸侯，天下的人就都敬畏了。

「像齋戒那樣淨心虔誠，清心寡慾，穿著端莊的服飾，不合乎禮節的事堅決不做，這就是修養自身品德的方法；驅逐奸佞小人，遠離美色，輕視財貨而看重道德，這就是勉勵賢人的方法；尊重親族的爵位，厚給親族的俸祿，愛憎與親族一致，這就是努力親愛親族的方法；為大臣多設屬官，供其差遣，這是鼓勵大臣的方法；待以忠誠信實，給予豐厚的俸祿，這是鼓勵士人的方法；使用民役而不占用農時，減少賦稅，這是鼓勵老百姓的方法；經常檢查考核，給予與工作業績相當的報酬，這是鼓勵各種工匠的方法；盛情接待，熱情歡送，嘉獎有善行的人，同情能力差的人，這是優待遠方來客的方法；延續已經絕後的家族，復興行將頹敗的邦國，幫助他們治理混亂，扶持危局，定時接受諸侯的朝見和聘問，用厚禮相贈而薄收貢物，這是安撫諸侯的方法。

「大凡治理天下國家有九條大綱，而實施這些綱要的道理都是一樣的。

【原文】

「凡事豫①則立，不豫則廢。言前定，則不跲②；事前定，則不困；行前定，則不疚③；道前定，則不窮。

「在下位不獲④乎上，民不可得而治矣。獲乎上有道⑪不信乎朋友，不獲乎上矣；信乎朋友有道，不順乎親，不信乎朋友矣；順乎親有道，反諸身不誠⑤，不順乎親矣；誠身有道，不明乎善，不誠乎身矣。

「誠者⑥，天之道也；誠之者⑦，人之道也。誠者，不勉而中，不思而得，從容中道，聖人也；誠之者，擇善而固執之者也。

「博學之，審⑧問之，慎思之，明辨之，篤⑨行之。有弗學，學之弗能，弗措⑩也；有弗問，問之弗知，弗措也；有弗思，思之弗得，弗措也；有弗辨，辨之弗明，弗措也；有弗行，行之弗篤，弗措也。人一能之，己百之；人十能之，己千之。果能此道矣，雖愚必明，雖柔必強。」

【注釋】

①豫：同「預」，預先有所準備，謀划。

②跲（音夾）：本義為絆倒，這裡指說話不順暢。

③疚：因過失而感到愧疚。

④獲：獲得信任。

⑤誠：儒家學說的哲學和倫理學範疇。《中庸》認為「誠」是一種真誠篤實的道德信念，是實行智、仁、勇等一切德行的基礎。

⑥誠者：這裡指天然賦予的真誠。

⑦誠之者：使之達到誠的地步，指通過努力修養才達到的真誠。

⑧審：詳細，慎重。

⑨篤：切實。

⑩措：停下，擱置，放棄。

【譯文】

「凡事有預謀就會成功，沒有預謀就會失敗。例如：說話預先考慮好，就不會語塞不暢；做事預先有計劃，就不會遭遇困難；治理政事預先有主張，就不會有悔恨愧疚；推行大道預先有目標，就不會陷入絕境。

「處下位的人，如果得不到居於上位的人的信任，就不能夠治理好百姓。想要獲得居於上位的人的信任是有辦法的，得不到朋友的信任，就不會獲得居於上位的人的信任；想要得到朋友的信任是有辦法的，不能使父母順意稱心，就不會得到朋友的信任；使父母順意稱心是有辦法的，反求於自身而缺乏真誠，就不會使父母順意稱心；使自身真誠也是有方法的，不明白什麼是善，就不能夠使自身做到真誠。

「所謂真誠，是天然具有的品德；努力做到的真誠，是人為努力所得的品德。天然具有真誠的人，不用勉強就能符合道德規範，不用苦心思慮就能適得事理之宜，能夠從容自然地遵循中庸之道，這樣的人就是聖人；努力做到真誠的人，就必須選擇至善的道德，並能執著追求。

「要廣泛地學習，詳細地詢問，謹慎地思考，明確地辨析，切實地履行。要麼不學習，學習了沒有學懂就決不放棄；要麼不詢問，詢問了沒有明白就決不放棄；要麼不思考，思考了未得要領就決不放棄；要麼不辨析，辨析了還不清楚就決不放棄；要麼不履行，履行了沒有切實做到就決不放棄。別人用一分功夫能做到的，我下一百分的功夫；別人用十分功夫能做到的，我下一千分的功夫。果真能用這樣的方法去追求中庸之道，那麼即使是愚笨的人，也一定會變得聰明；即使是柔弱的人，也一定會變得剛強。」

第二十一章

【原文】

自誠明[1]，謂之性；自明誠，謂之教。誠則明矣，明則誠矣。

【注釋】

①明：指明白什麼是善，並能自覺立於至善之境。

【譯文】

由天然具有真誠之心而明白道理，這叫作聖人的天性；由明白道理，然後進行修養，最終做到真誠，這是賢人努力的結果，叫作人為的教化。天然具有真誠之心，自然就能明白道理；明白了道理，最終也可以達到具有真誠之心。

附朱子提示

【原文】

右第二十一章。子思承上章夫子天道、人道之意而立言也。自此以下十二章，皆子思之言，以反復推明此章之意。

【譯文】

以上是第二十一章。子思是承接前章孔子關於天道、人道的思想立論的。自此以下十二章，都是子思的言論，以反復闡明此章的意思。

第二十二章

【原文】

唯天下至誠①，為能盡其性；能盡其性，則能盡人之性；能盡人之性，則能盡物之性；能盡物之性，則可以贊②天地之化育；可以贊天地之化育，則可以與天地參③矣。

【注釋】

①至誠：最為真誠的人，即「自誠明」者，即聖人。

②讚：幫助，協助。

③參：通「叁」，指聖人與天、地並列為三。

【譯文】

只有天底下最為真誠的人，才能充分發揮自己固有的本性；能充分發揮自己固有的本性，才能充分調動他人所固有的本性；能充分調動他人所固有的本性，才能充分發揮萬物所固有的本性；能充分發揮萬物所固有的本性，就能協助天地化育萬物；能協助天地化育萬物，就能與天地處於並列為三的地位了。

第二十三章

【原文】

其次致曲[①]，曲能有誠。誠則形[②]，形則著[③]，著則明，明則動[④]，動則變[⑤]，變則化[⑥]。唯天下至誠為能化。

【注釋】

①其次：指僅次於至誠之聖人的賢人，即通過後天努力達到至誠的「自明誠」的賢人。致曲：儘力研究細微的事理。致：致力於。曲：局部，細小的事。

②形：顯露，表現於外。

③著：顯著。

④動：感動。

⑤變：指變革人心。

⑥化：感化，指使人不自覺地棄惡從善。

【譯文】

僅次於「至誠」的賢人，則從一些局部細微的方面下功夫進行研究，這樣也能達到真誠的境界。達到了真誠的境界，就會在形象上表現出來；在形象上表現出來，就會顯然昭著；顯然昭著了，就會日益彰明而有光輝；彰明而有光輝了，就能感動外物；感動外物了，就能變革人心；變革人心了，就能使之感化而達到至善之境。只有天底下最為真誠的人才能化育萬物而使之達到至善之境。

第二十四章

【原文】

至誠之道，可以前知[1]：國家將興，必有禎祥[2]；國家將亡，必有妖孽。見乎蓍龜[3]，動乎四體[4]。禍福將至，善，必先知之；不善，必先知之。故至誠如神。

【注釋】

①前知：預知未來。

②禎祥：吉祥的預兆。本有今無的物象稱禎，本無今有的物象稱祥。

③蓍（音矢）龜：指用蓍草和龜甲做成的占卜用品。蓍，一種多年生草本植物，因其壽命較長，被古人視為神物，用其莖進行占卜，叫作筮。龜也因其壽命較長被視為神物，用其甲進行占卜。

④動：表現。四體：四肢，這裡指動作和儀態。

【譯文】

達到最高真誠之道的人，可以預知未來的事：當國家將要興盛時，必定有吉祥的徵兆；當國家將要衰亡時，必定會出現妖孽。這種預示吉凶的徵兆，呈現在蓍草和龜甲上，也表現在人們的動作儀態之中。災禍和福祉將要來臨時，如果是好事情，一定可以預先知道；如果是壞事情，也可以預先知道。所以說，達到最高真誠境界的人，如同神靈。

第二十五章

【原文】

誠者，自成①也；而道，自道②也。誠③者，物之終始；不誠，無物。是故君子誠之為貴。誠者，非自成己而已也，所以成物也。成己，仁也；成物，知也。性之德也，合外內之道也④。故時措之宜也⑤。

【注釋】

①自成：自我成全，自我完善。
②自道：自我引導。道：通「導」。
③誠：這裡的「誠」是從哲學意義上講，指貫穿於一切事物之中的實理。
④外：外在的事物。內：內在的德性。合外內之道：把外在的事物和內在的德性合而為一的基本原則。
⑤時：任何時候。措：措置，實行。

【譯文】

所謂真誠，是用以自我完善的基礎；而所謂中庸之道，是用以自我引導的準則。真誠，貫穿於萬物的始終；沒有真誠，也就沒有了萬物。因此君子以達到真誠為最寶貴。真誠，並非成全了自己，達到自我完善就夠的，還要用來成全萬物。達到自我完善，這是仁德；成全萬物，這是智慧。真誠是人性當中固有的品德，是把外在的事物和內在的德性融合為一的基本原則。因此，隨時施行都無不適宜。

第二十六章

【原文】

故至誠無息①。不息則久，久則徵②，徵則悠遠，悠遠則博厚，博厚則高明。

博厚，所以載物也；高明，所以覆物也；悠久，所以成物也。博厚配地，高明配天，悠久無疆③。如此者，不見而章④，不動而變，無為而成。

天地之道，可一言⑤而盡也：其為物不貳⑥，則其生物不測⑦。天地之道：博也，厚也，高也，明也，悠也，久也。

今夫天，斯昭昭之多⑧，及其無窮也，日月星辰繫焉，萬物覆焉；今夫地，一撮土之多，及其廣厚，載華岳⑨而不重，振⑩河海而不泄，萬物載焉；今夫山，一卷石⑪之多，及其廣大，草木生之，禽獸居之，寶藏興焉；今夫水，一勺之多，及其不測，黿⑫鼉、蛟龍、魚鱉生焉，貨財殖⑬焉。

《詩》⑭云：「維⑮天之命，于⑯穆不已。」蓋曰天之所以為天也。「于乎⑰不顯，文王之德之純。」蓋曰文王之所以為文也，純亦不已。

【注釋】

①息：止息。

②徵：指表現於外的徵象。

③無疆：無邊無際，無窮無盡，引申為永世長存。

④見：同「現」，表現。章：通「彰」，彰明。

⑤一言：即「誠」。

⑥不貳：誠是忠誠如一，沒有別的混雜，這就是為物不貳。貳：即「二」。

⑦不測：不可測量，無法估計。

⑧斯：此。昭昭：光明的樣子。多：指人們見到的只是一部分光明。下

面幾句中「多」字意同。

⑨華岳：指西嶽華山。

⑩振：容納，匯聚。

⑪一卷石：如拳頭般大的一小塊石頭。卷：通「拳」。

⑫黿（音元）：如烏龜一類的水生爬行動物，也稱綠團魚，背甲近圓形，暗綠色。鼉（音駝）：揚子鱷，鱷魚的一種，背面暗褐色。蛟：古代傳說中的動物，據說能引發洪水。鱉：即甲魚。

⑬殖：增殖。

⑭《詩》：以下詩句引自《詩經・周頌・維天之命》。

⑮維：語氣詞。

⑯于：句首語氣詞，用於表示感嘆之句。穆：深遠的樣子。

⑰于乎：感嘆詞，同「嗚呼」。不：通「丕」，大的意思。顯：顯著，光明。

【譯文】

所以，最高境界的真誠是沒有止息的。沒有止息，就會持久運行；能持久運行，就會有所效驗；有所效驗，就會悠久而長遠；悠久而長遠了，就會廣博而深厚；廣博而深厚了，就會高大而光明。

廣博而深厚，是用來承載萬物的；高大而光明，是用來涵蓋萬物的；悠久而長遠，是用來成就萬物的。廣博而深厚，可與地相匹配；高大而光明，可與天相匹配；悠久而長遠，則一如天地那樣無邊無際永世長存。達到這樣的境界，不必表現就能自然彰明，不必行動就能自然變化，無所作為就能自然成就萬物。

天地之間的法則，可以用一個「誠」字來概括盡。意思是說：誠本身就專一不二，因而它所生出的萬物多得不可測量。因此，天地之間的法則，在於廣博、深厚、高大、光明、悠遠、長久。

現在且說天，原本不過是由一點一點的小亮光聚積起來的，可等到它無邊無際時，日月星辰都靠它維繫，世上的萬物都被它覆蓋；現在且說地，原本不過是由一撮一撮的土聚積起來的，可等到它廣博深厚時，負載華山都不覺得重，容納江河湖海也不會泄漏，世上的萬物都被它承載；現在且說山，原本不過是由拳頭大的石頭聚積起來的，等到它高大無比時，草木在那裡生長，禽獸在那裡居住，寶藏從那裡被開發出來；

現在且說水，原本不過是一勺一勺聚積起來的，可等到它浩瀚無涯時，黿鼉、蛟龍、魚鱉都在那裡生存，各種物產財貨也從那裡被開發出來。

《詩經・周頌・維天之命》上說：「上天的定命啊，深遠得沒有止境。」這大概是說天之所以成為天的道理吧。這篇中還說：「啊，多麼顯赫光明！周文王的德行純潔無瑕。」這大概是說周文王之所以被尊謚為「文」，就在於他的德行純潔無瑕，又常行不息。

第二十七章

【原文】

大哉，聖人之道① ！洋洋②乎，發育萬物，峻極③於天。優優④大哉！禮儀⑤三百，威儀⑥三千，待其人⑦而後行。故曰：「苟不至德，至道不凝⑧焉。」故君子尊德性而道⑨問學，致廣大而盡精微，極高明而道中庸。溫故而知新⑩，敦厚以崇禮。

是故居上不驕，為下不倍⑪。國有道，其言足以興；國無道，其默足以容。《詩》⑫曰：「既明且哲⑬，以保其身。」其此之謂與！

【注釋】

①聖人之道：即後面的「至道」，也就是至誠之道和中庸之道。

②洋洋：浩浩蕩蕩，廣大、豐富、充沛的樣子。

③峻極：崇高到極點。

④優優：寬裕充足的樣子。

⑤禮儀：古時禮節的主要規則，又稱經禮，即《周禮》所載的典章制度之屬。

⑥威儀：古時典禮中的動作規範及待人接物的日常禮節，又稱曲禮。據傳，西周時制定有禮儀三百六十項，威儀三千多條，故一般說「禮儀三百，威儀三千」。

⑦其人：指聖人。
⑧凝：凝聚，集中。
⑨道：講求，致力於。
⑩故：舊有的，已經掌握的知識。新：新的、尚未掌握的知識。
⑪倍：同「背」，違背，背叛。
⑫《詩》：以下詩句引自《詩經・大雅・蒸民》。
⑬哲：智慧，指洞察事理。

【譯文】

真是偉大啊，這聖人的道！它浩浩蕩蕩，生養萬物，與天一樣崇高。真是寬裕豐富而廣大啊！禮儀有三百條，威儀有三千條，必須等到聖賢出現，然後才能加以實行。所以說：「如果不是具有至高德行的人，至高的大道也不會凝聚在他身上。」所以君子既尊崇德性，又注重知識學問；既要達到道的寬廣博大的境界，又要窮盡道的精微細緻的境界；既要追求高明深奧的道理，又必須奉行中庸之道；溫習已經掌握的知識，從而獲取新的知識；以忠厚樸實的本質為基礎，然後又崇尚禮儀來加以修養。

所以君子居於上位而不驕傲，處於下位而不會背叛。國家政治清明，他的言論足以振興國家；國家政治黑暗，他的沉默足以容身自保。《詩經・大雅・蒸民》上說：「既通達道理，又洞察事理，這樣就能保全自己。」大概說的就是這個意思吧！

第二十八章

【原文】

子曰：「愚而好自用①，賤而好自專②，生乎今之世，反③古之道，如此者，烖④及其身者也。」

非天子，不議禮，不制度，不考文⑤。今天下車同軌⑥，書同文，行同倫⑦。雖有其位，苟無其德，不敢作禮樂焉；

雖有其德，苟無其位，亦不敢作禮樂焉。

子曰：「吾說夏禮[8]，杞不足徵也[9]；吾學殷禮[10]，有宋存焉；吾學周禮[12]，今用之，吾從周。」

【注釋】

①自用：全憑自己主觀意圖行事，不採納別人意見。

②自專：獨斷專行。

③反：通「返」，恢復。

④烖（音災）：同「災」，災禍。

⑤考文：考訂文字，這裡含有以政府命令加以考定公佈之意。

⑥軌：車子兩輪之間的距離。

⑦行同倫：行為遵守共同的倫理道德規範。

⑧夏禮：夏代的禮制。夏：朝代名，為中國古代第一個家天下的國家政權，傳十七君，歷四百餘年。

⑨杞：春秋國名，在今河南杞縣一帶。相傳周武王封夏禹的後裔於杞國。徵：驗證，證明。

⑩殷禮：商代的禮制。殷：即商，朝代名。成湯推翻夏朝而建立商朝，至盤庚遷都於殷，故又稱「殷」或「殷商」，傳三十一君，歷六百餘年。

⑪宋：春秋國名，在今河南商丘一帶。周武王封商湯的後裔於宋國。

⑫周禮：周朝的禮制，是儒家企圖恢復的理想的社會制度。周：朝代名，周武王滅商後建立周朝，到周幽王被殺，歷史上稱為西周；自周平王東遷至被秦所滅，歷史上稱為東周。傳三十七君，歷八百餘年。

【譯文】

孔子說：「愚昧而又剛愎自用，卑賤而又獨斷專行，生活在今天這個時代，却要恢復古時的制度，像這樣的人，災難一定會降臨到他身上。」

如果不是天子，就不要議定禮樂，不要制定法度，不要考訂文字。現在天下車軌的標準相同，書寫的文字相同，倫理道德的準則相同。即使有天子之位，如果沒有聖人的品德，是不敢制定禮樂的；即使有聖人的品德，如果沒有天子之位，也是不敢制定禮樂的。

孔子說：「我能解說夏代的禮制，但在杞國的文獻裡已找不到充分的驗證；我學習商代的禮制，在宋國那裡還保存了一些；我學習周代的禮制，當今社會正在實行著，所以我主張遵從周禮。」

第二十九章

【原文】

王天下有三重焉①，其寡過矣乎！上焉者②，雖善無徵，無徵不信，不信民弗從；下焉者③，雖善不尊，不尊不信，不信民弗從。故君子之道，本諸身，徵諸庶民，考諸三王而不繆④，建諸天地而不悖⑤，質諸鬼神⑥而無疑，百世以俟⑦聖人而不惑。

質諸鬼神而無疑，知天也；百世以俟聖人而不惑，知人也。是故君子動而世為天下道⑧，行而世為天下法⑨，言而世為天下則⑩。遠之則有望⑪，近之則不厭。

《詩》⑫曰：「在彼無惡，在此無射⑬；庶幾夙夜⑭，以永終譽⑮。」君子未有不如此，而蚤⑯有譽於天下者也。

【注釋】

①王天下：統治天下的人，即君王。三重：三件重要的事，即上章說的議禮、制度、考文。

②上焉者：居於上位的人，指君王。

③下焉者：指雖有聖人之德但身處卑賤的人，如孔子。

④三王：指夏、商、週三朝的開國君主。繆：通「謬」，謬誤，錯誤。

⑤建：建立。悖：違背。

⑥質諸鬼神：通過卜筮的方法徵詢鬼神的意見。

⑦俟：等待。

⑧道：通「導」，引導，先導。

⑨法：做法的對象，即楷模。
⑩則：準則，原則。
⑪望：仰慕，敬仰。
⑫《詩》：以下詩句引自《詩經・周頌・振鷺》。
⑬射：討厭。《詩經》原文作「斁」。
⑭夙夜：日日夜夜，辛勤操勞。
⑮終譽：保持美好的名譽。
⑯蚤：通「早」。

【譯文】

統治天下的人能做好議定禮樂、制定法度、考訂文字這三件重要的事，大概就很少有過失的了。居於上位的天子，雖然行為主張很好，但是沒有驗證；沒有驗證就不能使人信服；不能使人信服，老百姓就不會服從。處於下位的聖賢，雖然行為主張很好，但是身分不尊貴；身分不尊貴就不能使人信服；不能使人信服，老百姓就不會服從。所以，君子治理天下的道理，是從自身做起，從老百姓那裡得到驗證並確認，再用三代先王的禮樂制度加以考察而沒有什麼差錯，把它樹立在天地之間加以實施而沒有違背客觀規律，卜筮質證於鬼神而沒有什麼疑問，等到百世以後再有聖人出現也不會對此感到迷惑。

質證於鬼神而沒有什麼疑問，這是瞭解了天道；百世以後再有聖人出現也不會對此感到迷惑，這是瞭解了人道。所以君子的舉動能世世代代成為天下人的先導，君子的行為能世世代代成為天下人的楷模，君子的言論能世世代代成為天下人的準則。人在遠處望他會心懷仰慕，人在近處看他則不會有厭惡之意。

《詩經・周頌・振鷺》上說：「（杞國、宋國的國君）在那裡無人厭惡，在這裡也無人煩棄。幾乎是從早到晚操勞政事，用以永遠保持名望。」君子沒有不這樣做却能早早在天下獲得名望的。

第三十章

【原文】

仲尼祖述①堯、舜，憲章②文武，上律③天時，下襲④水土。辟如天地之無不持載，無不覆幬⑤；辟如四時之錯行⑥，如日月之代明。萬物並育而不相害，道⑦並行而不相悖。小德川流⑧，大德敦化⑨。此天地之所以為大也。

【注釋】

①祖述：遵循並繼承前人的行為或學說。
②憲章：傚法，並使彰明。
③律：遵循。
④襲：因襲，符合，協調。
⑤幬（音到）：覆蓋。
⑥錯行：交替運行。
⑦道：指各種各樣的學說和觀點。
⑧川流：像河水般長流不息。
⑨敦化：使萬物達到敦厚純樸的境界。

【譯文】

孔子繼承堯、舜的傳統並加以闡述，傚法周文王、周武王的禮制並加以弘揚，上能遵從天時變化，下能與水土協調。就好像天地那樣，無不承載，無不覆蓋；又好像四時的交替運行，又好像日月的更迭照耀。萬物在天地間一起生長發育而不相妨害，不同的學說在宇宙中各自遵循規律而不相衝突。小德如河水一樣長流不息，大德使萬物敦厚純樸。這就是天地之所以偉大的原因吧。

第三十一章

【原文】

唯天下至聖[①]，為能聰明睿知，足以有臨[②]也；寬裕溫柔[③]，足以有容也；發強剛毅，足以有執[④]也；齊莊中正[⑤]，足以有敬也；文理密察，足以有別也。

溥博淵泉[⑥]，而時出之。溥博如天，淵泉如淵。見[⑦]而民莫不敬，言而民莫不信，行而民莫不說[⑧]。是以聲名洋溢乎中國[⑨]，施及蠻貊[⑩]。舟車所至，人力所通，天之所覆，地之所載，日月所照，霜露所隊[⑪]，凡有血氣者，莫不尊親。故曰配天。

【注釋】

①至聖：指在道德和智慧上都已經達到最高境界的聖人。
②臨：居高臨下，治理天下的意思。
③寬：寬厚，豁達。裕：舒緩。
④有執：有決斷。
⑤齊：通「齋」，恭敬，嚴肅。中正：虔誠，正直。
⑥溥：遼闊。博：廣大。
⑦見：同「現」，表現於外。
⑧說：通「悅」，喜悅，歡心。
⑨洋溢：充滿，廣泛傳播。中國：指中原地區。
⑩施：蔓延，流傳。蠻貊：南蠻北貊，這裡泛指邊遠之地的少數民族。
⑪隊：通「墜」，降落。

【譯文】

只有天下最偉大的聖人，才能夠聰慧明哲，睿智通達，其天賦足以治理天下；才能夠寬厚優裕，溫和柔順，其仁足以包容天下；才能夠奮發圖強，剛勇堅毅，其義足以決斷天下大事；才能夠嚴肅端莊，虔誠正直，其禮足以獲得他人的尊敬；才能夠文章條理精密明察，其智足以辨別是非。

聖人的道德無比遼闊，而又深遠無窮，如深淵的泉水不斷涌出，任何時候都可以表現出來。它周遍廣大好像那無邊無際的藍天，精微深遠好像那幽邃的深淵。他表現在儀表上，人民沒有不敬佩的；表現在言論上，人民沒有不信服的；表現在行動上，人民沒有不歡悅的。因此聖人的美好聲名廣泛流傳在中國，一直傳到蠻貊地區。大凡舟車可以到達的地方，人力能夠通行的地方，上天覆蓋的地方，大地承載的地方，日月照耀的地方，霜露降落的地方，大凡有血脈氣息的人，沒有不尊敬他，親愛他的。所以說聖人的道德可以與天相匹配。

第三十二章

【原文】

唯天下至誠，為能經綸天下之大經①，立天下之大本②，知天地之化育。夫焉有所倚③？肫肫④其仁，淵淵⑤其淵，浩浩⑥其天。苟不固⑦聰明聖知達天德者，其孰能知之？

【注釋】

①經綸：用蠶絲紡織之前整理絲縷，引申為規劃、治理國家大事。經：紡織的經線，引申為大綱大法。
②大本：根本的原則。
③倚：依傍。
④肫肫（音珍）：同「忳忳」，誠摯的樣子。
⑤淵淵：深遠的樣子。
⑥浩浩：廣闊無際的樣子。
⑦固：實在，確實。

【譯文】

只有天下達到最真誠境界的聖人，才能夠創定治理天下的根本大法，樹立天下的根本大德，知曉天地化育萬物的道理。哪裡還需要什麼依傍呢？其仁德真摯懇切，像深水一樣深遠靜寂，像天空一樣浩渺廣大。如果不是確實具有聰明智慧，通達天賦美德的人，那麼還有誰能夠懂得天地的真誠之道呢？

第三十三章

【原文】

《詩》①曰：「衣錦尚絅②。」惡其文之著也③。故君子之道，闇然而日章④；小人之道，的然⑤而日亡。君子之道，淡而不厭，簡而文，溫而理。知遠之⑥近，知風之自⑦，知微之顯，可與入德矣。

《詩》⑧云：「潛雖伏矣，亦孔之昭⑨。」故君子內省不疚，無惡於志。君子之所不可及者，其唯人之所不見乎！《詩》⑩云：「相⑪在爾室，尚不愧於屋漏⑫。」故君子不動而敬，不言而信。

《詩》⑬曰：「奏假無言⑭，時靡⑮有爭。」是故君子不賞而民勸，不怒而民威于鈇鉞⑯。《詩》⑰曰：「不⑱顯惟德，百辟其刑之⑲。」是故君子篤恭而天下平。

《詩》⑳云：「予懷明德，不大聲以色㉑。」子曰：「聲色之於以化民，末㉒也。」《詩》㉓曰：「德輶㉔如毛。」毛猶有倫㉕。「上天之載㉖，無聲無臭㉗。」至矣。

【注釋】

①《詩》：以下詩句引自《詩經・衛風・碩人》。

②衣：穿。錦：色彩鮮豔的衣服。尚：加。絅（音窘）：麻布製的罩衣。
③文：文采，花紋。著：顯著，明顯。
④然：隱藏不露。：同「暗」。章：同「彰」。
⑤的然：鮮明，顯著。
⑥之：與，和。
⑦風：風氣。自：來由，所來自的地方。
⑧《詩》：以下詩句引自《詩經・小雅・正月》。
⑨孔：很，甚。昭：《詩經》原文作「炤」，明顯。
⑩《詩》：以下詩句引自《詩經・大雅・抑》。
⑪相：看，註釋。
⑫屋漏：意為屋內亮光漏照之處，係指在室內西北角的陰暗隱蔽之處，不易被人看見。
⑬《詩》：以下詩句引自《詩經・商頌・烈祖》。
⑭奏：《詩經》原文作「鬷」，進奉。假：通「格」，感格，感通。
⑮靡：沒有。
⑯鈇鉞（音夫月）：斫刀和大斧。腰斬、砍頭的刑具。
⑰《詩》：以下詩句引自《詩經・周頌・烈文》。
⑱不：同「丕」，大。
⑲百辟：諸侯。辟，國君。刑：通「型」，這裡作動詞，傚法的意思。
⑳《詩》：以下詩句引自《詩經・大雅・皇矣》。
㉑聲：指大聲號令。以：與，和。色：指嚴厲氣勢。
㉒末：末梢，意為非根本的、次要的東西。
㉓《詩》：以下詩句引自《詩經・大雅・烝民》。
㉔輶（音尤）：古代一種輕便的車子，這裡引申為輕的意思。
㉕倫：類，比較。
㉖載：通「栽」，培植，生長。
㉗臭：氣味。這兩句詩引自《詩經・大雅・文王》。

【譯文】

《詩經・衛風・碩人》上說：「內穿錦繡衣服，外加麻布罩衣。」這是因為不喜歡錦衣的花紋太過顯露。所以君子所奉行的大道，深藏不露却日益昭彰；小人所迷戀的小道，顯露無遺却日益消亡。君子所奉行的大道，恬淡自然而不會使人生厭，簡略而內蘊文采，溫和而有條理。懂得遠處的事由近處開始，懂得教化別人必須從自身做起，懂得細微的開端最終會獲得顯著的結果，這樣就可以進入聖人的道德境界了。

《詩經・小雅・正月》上說：「魚兒雖然潛伏在水中，但還是清晰可見。」所以君子經常自我反省而沒有愧疚，沒有惡念存於心志之中。君子為一般人所不可企及之處，大概就是君子即使是在人看不見的地方也能嚴格要求自己吧。《詩經・大雅・抑》上說：「看你獨自在居室時，也能夠心地光明，無愧於屋子陰暗處的神明。」所以君子就算在沒做什麼事的時候，也是恭敬的；在沒說什麼話的時候，也是信實的。

《詩經・商頌・烈祖》上說：「進奉誠心，感通神靈，肅靜無言，不敢爭執。」因此君子不用賞賜，平民也會努力從善；不用發怒，平民也會像看到鈇鉞一樣畏懼。《詩經・周頌・烈文》上說：「天子弘揚那美好的德性，諸侯都會傚法他。」所以君子能夠做到忠厚謙恭，天下自然就會太平。

《詩經・大雅・皇矣》上說：「我懷念你的光輝品德，因為你從不用疾言厲色來治理民眾。」孔子說：「用疾言厲色來教化民眾，只是抓住了旁枝末節。」《詩經・大雅・烝民》上說：「用德性感化民眾，輕而易舉如同毫毛。」其實，毫毛雖輕，但仍有形迹可與之類比。《詩經・大雅・文王》上說：「上天生長化育萬物，既沒有聲音，也沒有氣味。」這可以說是最高的境界了。

附朱子提示

【原文】

右第三十三章。子思因前章極致之言，反求其本。復自下學為己謹獨之事，推而言之，以馴致乎篤恭而天下之平之盛。又贊其妙，至於無聲無臭而後已焉。蓋舉一篇之要而約言之，其反復丁寧示人之意，至深切矣，學者其不可盡心乎！

【譯文】

上面是第三十三章。子思根據前章關於德性趨向極致的言論，反過來探求它的基礎。又從後學者須自己慎獨推而廣之，講到君子敦厚恭敬而天下太平的盛況。更稱讚君子的德性高妙，達到無聲無味的最高境界。這是《中庸》一篇的宗旨的簡要概括，這樣反覆叮嚀以教人的用意，太深遠懇切了啊，後學者難道可以不用心去領會嗎？

國家圖書館出版品預行編目資料

論語・大學・中庸／孔子門生編集，俞日霞注釋
二版，新北市：新潮社文化事業有限公司，2024. 11
面；　公分 --
ISBN 978-986-316-921-5（平裝）
1.CST：論語 2.CST：學庸 3.CST：研究考訂

121.227　　113012931

論語・大學・中庸

孔子門生／編集
俞日霞／注釋

【策　劃】周向潮、林郁
【制　作】天蠍座文創
【出　版】新潮社文化事業有限公司
電話：(02)8666-5711
傳真：(02)8666-5833
E-mail：service@xcsbook.com.tw

【總經銷】創智文化有限公司
新北市土城區忠承路89號6F（永寧科技園區）
電話：2268-3489
傳真：2269-6560

印前作業　菩薩蠻電腦科技有限公司
東豪印刷事業有限公司
福霖印刷企業有限公司

二　　版　2024年12月